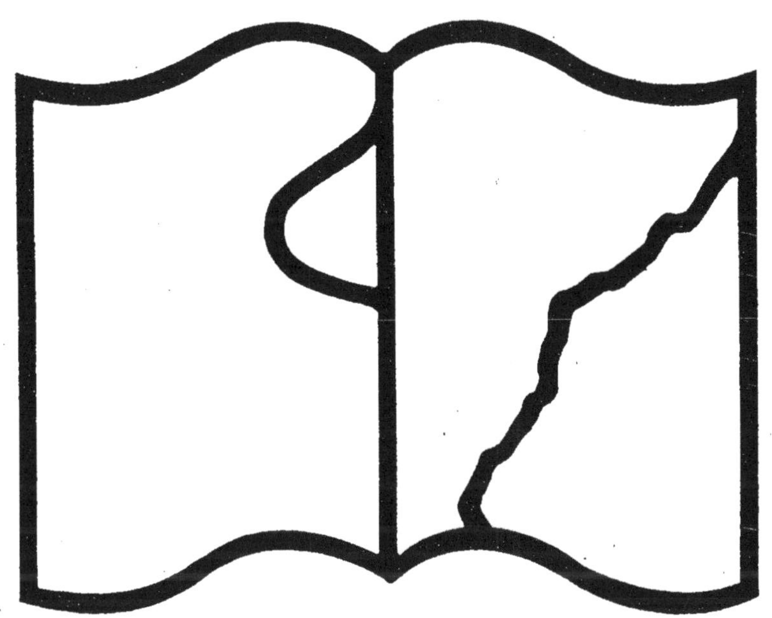

Texte détérioré — reliure défectueuse

NF Z 43-120-11

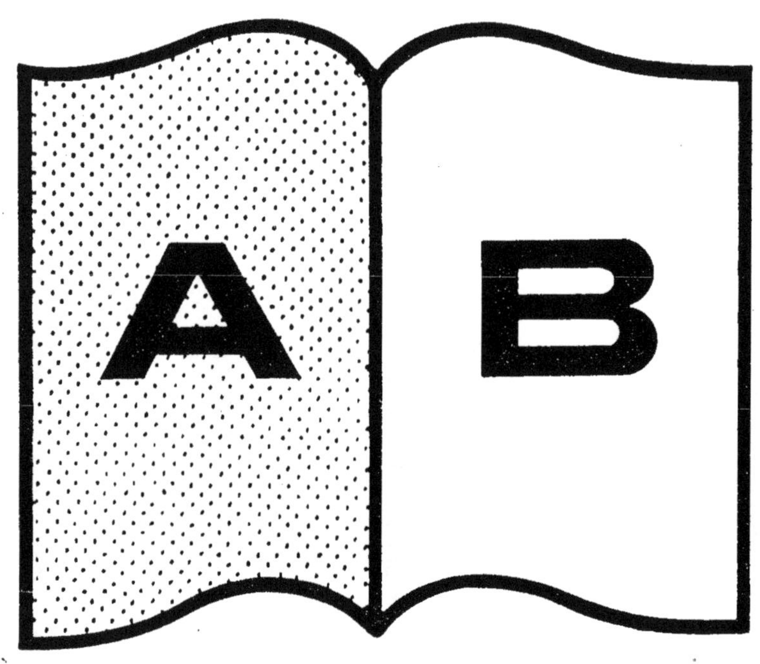

Contraste insuffisant

NF Z 43-120-14

MINISTÈRE DES TRAVAUX PUBLICS.

INSTRUCTION

SUR

LA TENUE DES BUREAUX DES INGÉNIEURS

DES PONTS ET CHAUSSÉES.

INSTRUCTION

SUR

LA TENUE DES BUREAUX DES INGÉNIEURS

DES PONTS ET CHAUSSÉES.

PARIS.

IMPRIMERIE NATIONALE.

M DCCC LXXIX.

TABLE DES MATIÈRES.

MINISTÈRE
DES
TRAVAUX PUBLICS.

DIVISION DU CABINET.

1ᵉʳ BUREAU.

INSTRUCTION
SUR LA TENUE DES BUREAUX
DES INGÉNIEURS
DES PONTS ET CHAUSSÉES.

CIRCULAIRE
N° 40.

Paris, le 31 octobre 1879.

MONSIEUR L'INGÉNIEUR EN CHEF, l'instruction sur la tenue des bureaux des ingénieurs des ponts et chaussées se trouvant épuisée, tandis que l'Administration reçoit chaque jour des demandes pour les services de création récente, un nouveau tirage de cette instruction est devenu nécessaire, et j'ai été conduit par cette circonstance à charger la Commission des formules d'examiner quelles modifications il pourrait y avoir lieu d'apporter dans le texte et dans les modèles qui sont joints à la circulaire du 28 juillet 1852.

L'instruction sur la tenue des bureaux a introduit dans le service des ponts et chaussées des règles et une méthode uniformes qui ont la sanction d'une pratique de près de trente ans et dont le mérite n'est pas à démontrer. Aussi ai-je pensé avec la Commission des formules qu'il convient de limiter autant que possible les changements qui y seront opérés.

De ces changements, les uns sont déjà réglés par les circulaires ministérielles qui portent les dates :

Du 21 avril 1859 (Registre des notes sur le personnel);

Du 5 juin 1868 (Inventaire des machines et outils);

Du 16 novembre 1869 (Inventaire et classement des archives),

Et du 19 octobre 1876 (Déplacement des objets portés sur l'inventaire et mouvements du magasin).

Il faut évidemment introduire dans la nouvelle édition les modifications qui résultent de ces circulaires et remplacer les anciens modèles par ceux dont l'emploi est déjà rendu réglementaire

Les autres changements sont ceux dont la pratique du service a démontré l'utilité et que la Commission des formules a signalés à mon attention; les objets auxquels ils s'appliquent sont les suivants :

Le registre d'ordre des affaires du service hydraulique;

La disposition et la durée des répertoires des registres d'ordre;

Le répertoire du registre des ordres de service aux entrepreneurs;

L'introduction de deux modèles nouveaux de bordereau général et de chemise de liasse, qui sont destinés à faciliter le classement des pièces, le premier pour la transmission des affaires, le second pour le rangement des archives;

Enfin, diverses indications contenues dans l'instruction du 28 juillet 1852 qui paraissent susceptibles d'être améliorées ou mieux précisées.

1..

Je vais passer en revue les modifications dont il s'agit, en suivant l'ordre des articles de l'instruction et en vous priant, Monsieur l'Ingénieur en chef, de vous reporter d'ailleurs, pour les objets que je passerai sous silence, à la circulaire du 28 juillet 1852, que j'ai fait réimprimer à cette fin.

Enregistrement des affaires.

L'enregistrement des affaires ne devait s'appliquer, suivant les termes de l'instruction de 1852, ni à l'envoi des états périodiques dont la date précise est fixée par les règlements, ni aux pièces telles que les circulaires ou renseignements, qu'il paraissait suffisant de classer.

J'ai pensé, avec la Commission des formules, que l'enregistrement de ces pièces ou états est utile et doit, au contraire, être rendu réglementaire, afin de servir à constater si leur transmission a été opérée d'une façon régulière; il ne sera plus fait d'exception que pour l'envoi des pièces de comptabilité.

L'article 1er de l'instruction de 1852 a été modifié en conséquence par la suppression des dernières lignes.

Registres d'ordre.

Les registres d'ordre, dont les modèles sont désignés par les lettres A, V et C, sont conservés sans autre changement que celui qui consiste à supprimer les trois colonnes distinctes de numéros d'ordre du registre C de l'ingénieur en chef (modèle n° 3) pour en faire une seule.

Le registre C servira dorénavant à l'inscription des contraventions et délits en matière de grande voirie, de police du roulage, de pêche et de simple police.

Le modèle du registre d'ordre des affaires d'usines, d'irrigations, de curages et de desséchements, qui est désigné depuis 1852 par la lettre U, ne se prête, à dire vrai, qu'à l'inscription d'une seule espèce d'affaires, de celles qui doivent subir les formalités de l'instruction réglée par la circulaire du 23 octobre 1851 (Usines et prises d'eau d'irrigation).

D'une part, le service hydraulique, qui s'est considérablement développé depuis 1852, et qui est destiné à prendre une importance chaque jour plus grande, embrasse aujourd'hui de nombreuses affaires de police des cours d'eau non navigables ni flottables, de curage, de drainage et d'associations syndicales à l'inscription desquelles le cadre du registre U s'accommode difficilement; d'autre part, les affaires d'usines et de prises d'eau d'irrigation subissent souvent elles-mêmes, avant d'aborder la formalité de la première enquête, une instruction préliminaire qui ne trouve point sa place dans le registre U. Telles sont, par exemple, les affaires où il s'agit de la revision d'un règlement et celles où le pétitionnaire qui se propose d'établir un barrage d'usine a négligé de justifier des titres qui lui confèrent le droit d'appui.

La Commission des formules m'a proposé, en conséquence, d'arrêter un nouveau modèle de registre d'ordre des affaires du service hydraulique, qui sera désigné, afin d'éviter toute confusion, par la lettre H (Modèles 4 et 4 bis, 14 et 14 bis), et qui sera composé de deux parties, la première : éta-

blie sur un type semblable à celui des registres de voirie, servira à l'enregistrement de toutes les affaires du service hydraulique, quelle que soit leur nature (à l'exception toutefois des délits et contraventions), même à l'enregistrement des affaires d'usines et de prises d'eau d'irrigation, pour lesquelles on y notera toutes les phases de l'instruction qui précédera l'ouverture de la première enquête ; la seconde partie, pour laquelle on conservera le type du registre U mis en service depuis 1852, ne recevra que les affaires d'usines et de prises d'eau d'irrigation, à partir du moment où l'instruction de ces affaires sera parvenue à la première enquête.

Cette proposition m'a paru bien motivée et j'ai décidé d'y donner suite.

Renouvellement des registres d'ordre. Répertoires.

Les articles 3 et 4 de l'instruction du 28 juillet 1852 indiquaient que pour chaque espèce de registre d'ordre la même série de numéros doit être suivie pendant cinq années, quel que soit le nombre des renouvellements des volumes, et que le répertoire forme un seul volume pour chaque période de cinq années.

Ces prescriptions, formulées en vue de services chargés d'affaires nombreuses, et dont le véritable but était de fixer pour les répertoires une durée minimum, ont été prises à la lettre dans un grand nombre de services, et les Ingénieurs se sont assujettis en conséquence à renouveler les registres et les répertoires tous les cinq ans, même pour les usines et les contraventions qui ne donnent lieu chaque année qu'à un petit nombre d'inscriptions. On arrive ainsi, en vue d'une apparence de régularité, qui ne présente au fond aucun avantage, à encombrer les bureaux de registres à moitié vides et à renouveler tous les cinq ans des dépenses notables sans utilité ; d'autre part, la multiplicité des répertoires est nuisible aux recherches.

Il n'y a évidemment aucun intérêt à ce que, dans les bureaux différents d'un même service et même dans un bureau déterminé, tous les registres commencent à la même date. Il conviendra donc de prolonger autant que possible la durée de chaque répertoire et de la série des numéros d'ordre du registre correspondant, et tout inconvénient sera évité si l'on prend soin d'inscrire sur le dos de chaque registre et de chaque répertoire la période à laquelle il s'applique, et de terminer cette période à la fin d'une année.

La nouvelle rédaction des articles 3 et 4 indique en conséquence que la durée de cinq ans n'est bien qu'un minimum.

L'instruction du 28 juillet 1852 ne contenait, en ce qui concerne la tenue des répertoires, que des indications générales, assez vagues, qu'on laissait à chaque ingénieur le soin de préciser, en tenant compte des exigences particulières de son service ; et le modèle n° 5 joint à cette instruction était loin de présenter une netteté suffisante. Il paraît nécessaire d'entrer à ce sujet dans quelques explications qui seront complétées par les nouveaux modèles n°ˢ 5, 5 bis, 5 ter et 5 quater.

Il y a un avantage évident à ce que l'intitulé des affaires, la disposition *et les titres des répertoires soient réglés en vue de faciliter le classement des pièces et leur insertion dans les archives.*

Conformément à ce principe, le répertoire du registre A sera dressé non d'après l'ordre alphabétique, qui ne présente ici aucun sens, mais d'après la table du classement et de l'inventaire des archives qui se trouve annexée à la circulaire du 16 novembre 1869, et que la Commission des formules a jugé utile de reproduire avec de légères modifications dans le modèle n° 26 de la nouvelle instruction. Chaque colonne du répertoire A portera le titre d'une section de l'inventaire des archives suivi, s'il y a lieu, du titre d'une subdivision de cette section (ou chapitre), lorsque cette subdivision paraît devoir comprendre un nombre d'affaires assez considérable. Des signets en parchemin, reproduisant les titres des sections, seront collés sur la marge des feuillets correspondants du répertoire.

Le répertoire du registre V est dressé suivant une table alphabétique où les noms des pétitionnaires trouvent leur place; on y a joint une deuxième table d'entrée par route, rivière, port, etc...., laquelle doit servir à faciliter les recherches ainsi que le classement des affaires dans les archives.

Le répertoire du registre C est dressé par ordre alphabétique et le nom de chaque contrevenant ou délinquant est porté, suivant la nature de l'infraction commise, dans l'une des quatre colonnes de la double page qui correspond à chaque lettre.

Quant au répertoire du registre H, il sera divisé comme le répertoire V en deux tables, l'une par ordre alphabétique, l'autre suivant le classement des affaires par bassins, chaque bassin comprenant un cours d'eau principal avec ses affluents. Les colonnes de la double page correspondant à un bassin déterminé, dans cette deuxième table, porteront les titres des différents chapitres de la onzième section de l'inventaire, groupés suivant le nombre des affaires qui s'y rapportent. La colonne des numéros d'ordre du répertoire H sera divisée, d'ailleurs, de manière à recevoir les numéros d'ordre différents qui peuvent correspondre à une même affaire dans les deux parties du registre.

Toutes les inscriptions des répertoires seront divisées par années.

Je ne doute pas que les explications précédentes, rapprochées du texte de l'instruction nouvelle et des modèles, ne suffisent pour donner désormais à la tenue des répertoires la méthode et l'uniformité désirables.

Registres matricules.
Feuilles signalétiques.
Modification apportée à la circulaire du 3 mai 1856.

La tenue des registres matricules suivant l'ordre alphabétique n'est pas praticable; il conviendra d'inscrire les noms par ordre d'arrivée dans le service, sauf à compléter le registre matricule par une table alphabétique propre à faciliter les recherches.

Le titre détail succinct des services m'a paru devoir être remplacé par les mots indication sommaire; cette indication devra être donnée pour chaque année dans un petit nombre de lignes.

Vous savez, Monsieur l'Ingénieur en chef, qu'une circulaire ministérielle du 21 avril 1859 a prescrit de remplacer le registre des notes sur le personnel par la collection des feuilles signalétiques du modèle arrêté le 3 mai 1856. Les feuilles signalétiques porteront désormais à la partie inférieure (qui sera intitulée : Indication sommaire des services pendant l'année), la copie textuelle de l'indication qui figure sur le registre matricule de l'ingénieur ordinaire. Cette partie de la feuille sera transcrite exactement sur le registre matricule de l'ingénieur en chef, et on sera assuré de cette façon que les registres des deux bureaux contiennent, comme il convient, des renseignements identiques.

La circulaire du 5 mai 1856 vous a prescrit de dresser, pour chaque feuille de notes signalétiques, une minute que vous conservez et trois expéditions, dont l'une est envoyée au Préfet, tandis que les deux autres sont remises à l'inspecteur général lors de sa tournée annuelle. Conformément à la proposition de la Commission des formules, j'ai décidé, Monsieur l'Ingénieur en chef, que vous serez dispensé à l'avenir d'adresser au Préfet une expédition des notes signalétiques. D'une part, il convient de simplifier les écritures dont les services sont surchargés; d'autre part, j'ai reconnu qu'il y a des inconvénients sérieux à ce que ces documents d'une nature confidentielle soient déposés dans des bureaux auxquels ne s'appliquent pas les mesures de précaution qui sont prescrites aux ingénieurs par les articles 7 et 14 de l'instruction. Il suffira que, chaque année, après l'inspection, vous remettiez une copie du résumé des propositions d'avancement au Préfet, pour que ce magistrat se trouve en mesure de donner son avis à l'Administration supérieure au moment où, selon l'usage, elle le consultera sur la suite qu'il convient de donner à ces propositions.

La disposition contenue dans le quatrième paragraphe de la circulaire du 3 mai 1856 sera modifiée, en conséquence, de la manière suivante :

« Ces formules seront en nombre suffisant pour les minutes, qui resteront « entre vos mains, et pour deux expéditions qui seront remises à M. l'inspec- « teur général lors de sa tournée annuelle.

« Vous voudrez bien envoyer à M. le Préfet, chaque année, à la suite de « l'inspection, une copie du résumé des propositions d'avancement. »

Registre des tournées.

Il a paru utile de diviser la colonne intitulée : Nombre de kilomètres parcourus, *en distinguant les trajets par voies ferrées de ceux qui sont opérés par toute autre voie. Le nombre des kilomètres parcourus sera arrêté par année.*

Registre
des
ordres de service
aux entrepreneurs.

Le cas où l'entrepreneur peut venir apposer sa signature, en forme de reçu, sur le registre des ordres de service qui est tenu dans le bureau de l'ingénieur ordinaire ne se présente que d'une façon exceptionnelle; d'ailleurs quand bien même ce cas se réalise, il est indispensable de délivrer à l'entrepreneur une copie conforme de l'ordre tel qu'il a été inscrit sur le re-

gistre. L'emploi de la formule n° 16 doit donc être rendu obligatoire dans toutes les circonstances, et j'ai décidé qu'il sera retiré pour tout ordre de service un bulletin de notification qui sera conservé au bureau de l'ingénieur ordinaire, collé sur un registre à onglets.

Le répertoire du registre des ordres de service aux entrepreneurs, dressé conformément au modèle de 1852, présentait une analyse succincte de chacun de ces ordres ; il résultait de cette disposition que le répertoire prenait le développement d'un deuxième registre aussi volumineux que celui auquel il est destiné à servir de table. Cette disposition sera modifiée et le répertoire sera ramené à la forme d'une simple table de matières, dans laquelle on trouvera pour chaque entreprise la succession des ordres de service délivrés à l'entrepreneur, avec leur date et avec le numéro d'ordre qui sert à faciliter les recherches dans le corps du registre.

Outre le registre d'ordres général, tenu au bureau de l'ingénieur ordinaire, il peut être ouvert des registres particuliers sur les chantiers assez importants pour motiver la création de bureaux détachés. J'appelle votre attention sur la disposition de l'article 10 de l'instruction, qui a pour objet de centraliser tous les ordres de service dans le bureau de l'ingénieur ordinaire.

Registre des nivellements.

Le titre de la 4e colonne du registre des nivellements (modèle n° 17) manquait de précision et a été modifié ; les hauteurs doivent être rapportées non pas à ce qu'on appelle le niveau de la mer, mais au plan de comparaison du nivellement général de la France.

Mesures d'ordre à observer pour la transmission des affaires. Bordereaux. Date des pièces.

Toutes les fois que l'instruction d'une affaire exige la transmission de plusieurs pièces, ces pièces, classées et numérotées par ordre de date, sont comprises dans un bordereau (modèle n° 19). Si le dossier ainsi constitué se subdivise en plusieurs parties différentes, des bordereaux particuliers sont dressés pour chacune d'elles, et ces bordereaux, distingués au moyen des lettres de l'alphabet, sont compris dans un bordereau général (modèle n° 19 bis). Ces prescriptions, déjà en usage dans un grand nombre de services, sont trop simples pour que j'aie besoin d'insister.

Mais il y a une mesure d'ordre général, se rattachant au même objet, qu'il convient d'introduire dans le service, et dont vous reconnaîtrez l'avantage : c'est celle qui consiste à relater sur toutes les pièces la date à laquelle elles se rapportent en haut de la première page, à droite. Cette règle, qui a pour objet de faciliter et d'abréger le dépouillement des dossiers, devra s'appliquer non seulement aux lettres et aux rapports, mais aussi aux pétitions, réclamations ou mémoires présentés par des particuliers, sur lesquels le commis d'ordre prendra soin de noter la date ; elle s'appliquera également aux procès-verbaux d'enquête ou de conférence, aux dessins et aux documents de toute nature.

Classement
et inventaire
des archives.

L'arrangement des papiers et dessins et le classement des archives doivent se faire suivant la règle tracée par la circulaire du 16 novembre 1869. Il est formé autant de dossiers dans chacun des chapitres de l'inventaire des archives, suivant la nomenclature jointe au modèle n° 26, qu'il y a de routes, de rivières, canaux, ports ou chemins de fer compris dans le service.

Deux cas peuvent se présenter dans la formation d'un dossier : ou les pièces se trouvent en nombre tel qu'il soit possible de les réunir dans une chemise unique (modèle n° 25 bis), laquelle relatera le numéro d'ordre, la date et la désignation de chaque pièce, ou bien elles sont assez nombreuses pour qu'il soit nécessaire ou commode d'en composer des liasses distinctes ; chaque liasse sera comprise dans une chemise (modèle n° 25) qui relatera les mêmes indications que ci-dessus, et les liasses seront renfermées dans une chemise de dossier (modèle n° 25 bis) sur laquelle il suffira d'inscrire, en ce cas, le numéro d'ordre et l'indication sommaire du titre de chacune d'elles.

La chemise de dossier (modèle n° 25 bis) qui est employée dans l'un et l'autre cas doit porter, d'ailleurs : 1° l'indication de la section et du chapitre de l'inventaire des archives auxquels le dossier appartient ; 2° le numéro du carton dans lequel le dossier se trouve habituellement renfermé ; 3° le numéro d'ordre que le dossier porte dans l'inventaire des archives.

Les cartons recevront un numéro d'ordre, avec le titre des sections et chapitres auxquels leur contenu se rapporte, et la liste des dossiers qu'ils renferment.

Le modèle n° 26 de l'inventaire des archives a été complété par la table jointe à la circulaire du 16 novembre 1869, à laquelle j'ai plusieurs fois renvoyé, et qu'il est utile d'avoir constamment sous les yeux. Cette table n'a subi qu'une très légère modification qui n'altère en rien l'ordre et le numérotage des sections et des chapitres, et qui consiste à faire figurer à la fin de chaque section un chapitre intitulé : Affaires générales et diverses ; *on y classera les objets qui ne se rapportent pas expressément aux chapitres précédents.*

Quant au modèle même du registre de l'inventaire des archives, on l'a mis en harmonie avec les prescriptions de la circulaire du 16 novembre 1869 que je viens de rappeler.

Inventaire des livres,
instruments, outils
et machines.

Aucune modification n'a été apportée aux 1re, 2e, 3e et 4e parties de la deuxième section de l'inventaire. La 5e partie (modèle n° 30 bis) doit être tenue conformément aux instructions du 5 juin 1868, auxquelles il suffira que vous vous reportiez.

Déplacements
des objets
portés sur l'inventaire
et mouvements
du magasin.

Tout déplacement des objets portés sur l'inventaire, comme tout mouvement du magasin, doit s'opérer suivant une règle simple et logique dont l'Administration s'est déjà attachée à rendre l'application facile par l'emploi des modèles qu'un de mes prédécesseurs a approuvés le 19 octobre 1876.

L'ingénieur ou le conducteur délégué qui ordonne soit le déplacement d'un instrument ou d'un outil, soit l'entrée ou la sortie d'un approvisionnement, délivre un bulletin d'autorisation dont il conserve le duplicata sur un registre à souches, de manière à se trouver en mesure de contrôler à tout moment l'exécution de son ordre.

L'agent d'exécution, commis d'ordre ou garde-magasin, ne doit se dessaisir d'un objet confié à sa garde ni prendre livraison d'un approvisionnement que sur le vu du bulletin d'autorisation qu'il conserve pour sa propre justification; il ne livre aucun objet que contre reçu, il n'en reçoit aucun sans donner un reçu.

La tierce personne à qui un objet est prêté ou qui fait une livraison ne doit rien prendre sans laisser un récépissé; elle ne doit effectuer aucune livraison que contre un reçu qui forme son titre ou sa décharge.

Tel est l'objet des trois parties, souche de bulletin, bulletin, récépissé, que l'on retrouve uniformément dans les modèles nᵒˢ 33, 36 et 37.

Le commis d'ordre ou garde-magasin ne doit faire aucune opération sans la noter sur un journal (modèle nᵒ 32 pour les objets portés sur l'inventaire, modèle nᵒ 34 pour les matières emmagasinées); et ce journal doit être tenu par ordre chronologique, sans lacune, sans classification. Mais comme il convient, d'autre part, qu'à l'inspection du registre d'inventaire on puisse immédiatement savoir où se trouve tout objet appartenant à l'État, chaque déplacement de cet objet est relaté dans la colonne d'observations au moyen d'un simple numéro qui renvoie au journal, numéro que l'on doit prendre soin de barrer dès que l'objet est rentré. On reportera de même aussi fréquemment que possible les indications du journal des mouvements du magasin sur le registre des comptes ouverts à chaque espèce de matières; de telle manière qu'il soit facile d'y constater d'un coup d'œil la quantité d'approvisionnement de chaque nature qui se trouve disponible.

Ces principes fort simples, qui sont à la portée des agents de l'ordre le plus modeste, doivent être rigoureusement observés dans tout magasin, comme dans tout dépôt d'instruments et d'outils appartenant à l'État, quelle qu'en soit l'importance, et je tiens de la façon la plus expresse à ce que cette partie du service présente dans tous les arrondissements d'ingénieurs une régularité parfaite.

Circulaire
du 28 juillet 1852.

Les prescriptions de la circulaire du 28 juillet 1852 qui n'ont pas été expressément modifiées doivent continuer à être observées.

Mise en service
des
nouveaux modèles.

Je vous autorise, Monsieur l'Ingénieur en chef, à n'opérer le changement des formules dont il est fait usage dans votre service qu'au fur et à mesure de l'épuisement des imprimés que vous avez en approvisionnement. Mais à partir du 1ᵉʳ janvier 1881, au plus tard, l'uniformité devra être complète.

Telles sont, Monsieur l'Ingénieur en chef, les modifications qu'il m'a paru utile d'apporter à l'instruction et aux modèles de 1852, conformément à l'avis de la Commission des formules. Je ne doute pas que MM. les ingénieurs, qui trouveront dans la nouvelle instruction la solution de quelques points restés indécis relativement à la tenue de leurs bureaux, ne continuent d'apporter dans cette branche importante de leur service le zèle auquel l'Administration n'a jamais fait appel en vain.

Je vous prie de m'accuser réception de la présente circulaire, dont je vous adresse des ampliations pour MM. les ingénieurs ordinaires des ponts et chaussées qui sont placés sous vos ordres.

Recevez, Monsieur l'Ingénieur en chef, l'assurance de ma considération très distinguée.

Le Ministre des Travaux publics,
C. DE FREYCINET.

MINISTÈRE
DES
TRAVAUX PUBLICS.

1ʳᵉ DIVISION.

SECRÉTARIAT GÉNÉRAL.

INSTRUCTION
SUR LA TENUE DES BUREAUX
DES INGÉNIEURS.

CIRCULAIRE
N° 16.

Paris, le 28 juillet 1852.

MONSIEUR LE PRÉFET, l'Administration a jusqu'ici laissé à MM. les ingénieurs le soin de régler les détails de l'organisation intérieure de leurs bureaux; à l'exception de quelques prescriptions générales relatives à la tenue des inventaires, elle s'est bornée à donner des instructions spéciales pour quelques services particuliers et à recueillir avec intérêt, pour les autres services, les renseignements produits dans les comptes de tournée d'inspection. Le mode d'enregistrement des affaires, les moyens employés pour en suivre la marche et en presser l'expédition, les dispositions admises pour conserver la trace de tous les résultats obtenus, soit dans l'exécution des travaux, soit dans l'examen des questions administratives, et pour en assurer la tradition, etc., ont donc été réglés par chaque ingénieur en chef isolément. Je sais que, dans un grand nombre de services, on est arrivé à de bons résultats. Mais, placés à des points de vue différents, préoccupés surtout des besoins spéciaux du service qui leur était confié, MM. les ingénieurs ont suivi des méthodes diverses, et les moyens d'ordre adoptés varient pour chaque département.

Le moment est venu de régulariser cette organisation et d'y introduire l'uniformité déjà établie dans les principales parties du service des ponts et chaussées. Il importe qu'en changeant de résidence un ingénieur ne soit pas obligé de perdre un temps précieux pour se mettre au courant des formes en usage dans le service qu'il vient diriger. L'application de règles uniformes donnera aux ingénieurs les moyens de reconnaître immédiatement la situation des affaires et de leur imprimer la direction qu'elles doivent suivre; elle rendra plus facile la tâche de l'inspecteur divisionnaire, dont les investigations doivent devenir chaque jour plus complètes; elle permettra enfin à l'Administration de se rendre un compte plus exact de la marche des différents services, et de recueillir les renseignements qui lui sont utiles dans la forme la plus convenable et la plus simple.

J'ai fait examiner les méthodes suivies dans les différentes branches du service des ponts et chaussées, et, sur le compte qui m'a été rendu de cet examen, j'ai arrêté les dispositions faisant l'objet de l'instruction réglementaire que j'ai l'honneur de vous adresser. Les formules qui accompagnent cette instruction sont assez simples pour être facilement comprises; les exemples et les notes rapportés sur

2.

quelques-unes suffiront d'ailleurs pour lever les doutes auxquels elles pourraient donner lieu dans l'application. J'y ajouterai toutefois quelques observations.

Registres d'ordre.

Les registres d'ordre doivent être tenus très exactement et recevoir *chaque jour* l'inscription des affaires arrivées. Il faut, à cet effet, que MM. les ingénieurs s'imposent la règle de remettre immédiatement à l'employé chargé de ce travail toutes les pièces dont ils sont saisis, quelle que soit la suite qu'ils se proposent de donner aux affaires. Toute négligence à cet égard, en troublant l'ordre des inscriptions, pourrait occasionner des omissions, et rendrait, dans tous les cas, les recherches ultérieures plus difficiles.

Répertoires (A).

La classification à établir sur les répertoires ne saurait être soumise à des règles absolues. L'instruction réglementaire ne fournit à ce sujet que des indications générales, et il faut que, dans chaque bureau, MM. les ingénieurs adoptent la classification la plus convenable suivant les exigences particulières de leur service. Le résultat à obtenir, c'est qu'elle soit simple, facile à saisir, et telle que les recherches puissent être faites avec promptitude par toutes les personnes attachées à l'Administration.

Registre matricule des ingénieurs, conducteurs, etc.

Je recommande à MM. les ingénieurs d'apporter le plus grand soin dans la tenue du registre matricule. Il est essentiel que les dates et toutes les inscriptions y soient d'une rigoureuse exactitude. Ce sont les états de services des ingénieurs et des agents de l'Administration, et tous attacheront un grand intérêt à ce que, dans chacune de leurs résidences successives, la trace de leurs services soit conservée sur un registre officiel.

Par suite de l'établissement du registre matricule, les ingénieurs ordinaires n'auront plus à transmettre à l'ingénieur en chef, pour la rédaction du compte de tournée, que le détail succinct des services de l'année et les notes et propositions relatives à chaque agent.

Registre des tournées des ingénieurs.

Les instructions imposent à l'ingénieur en chef et à l'ingénieur ordinaire l'obligation de visiter, chaque année, le premier au moins une fois, et le second au moins quatre fois, toutes les routes, rivières, etc., soumises à leur surveillance. Aucun ingénieur, sans doute, ne se soustrait à cette obligation, et il n'en est pas un seul qui ne visite bien plus souvent certaines parties de sa circonscription ; mais il importe, pour la régularité du service, que ces tournées soient

---

(A) Paragraphe modifié suivant l'instruction et la circulaire du 31 octobre 1879.

constatées, et que le compte rendu en soit mis chaque année sous les yeux de l'inspecteur de la division. Les observations consignées sur le registre des tournées auront d'ailleurs une grande utilité : elles fixeront les souvenirs de l'ingénieur qui les aura faites et lui rappelleront les dispositions qu'il doit prendre; de plus, elles éveilleront l'attention des successeurs et leur permettront de profiter de l'expérience de leurs devanciers.

Registre des notes sur le personnel (A).

Il est d'un grand intérêt que les notes données successivement aux ingénieurs et aux agents sous leurs ordres soient conservées et réunies sur un registre spécial, dans un article consacré à chacun. Les notes des années précédentes ne sauraient être sans influence sur le jugement du chef de service; il faut donc que celui qui les a données, de même que le chef nouveau qui n'a pas encore eu le temps de se former une opinion personnelle, puisse les consulter à chaque instant, sans être obligé d'aller les rechercher péniblement dans les documents épars.

Les notes dont il s'agit sont de leur nature confidentielles; elles doivent être tenues secrètes. J'attache une grande importance à ce que cette règle soit observée : il ne faut pas que là crainte d'une indiscrétion puisse empêcher le chef de service d'exprimer, ainsi que son devoir l'y oblige, sa pensée tout entière sur chacun de ses subordonnés.

Registre des ordres de service aux entrepreneurs.

L'Administration a plusieurs fois recommandé d'inscrire sur un registre spécial les ordres donnés aux entrepreneurs. L'instruction réglementaire rend la tenue de ce registre obligatoire, et détermine les formalités à remplir tant pour l'inscription régulière des ordres que pour leur notification aux entrepreneurs.

Registre des nivellements.

Des opérations nombreuses sont exécutées chaque année par les agents de l'Administration des ponts et chaussées sur tous les points de la France; il y a lieu de penser que, si les résultats de ces observations sont conservés et coordonnés, le relief de toutes les parties de territoire sera bientôt parfaitement connu, et l'étude de toutes les voies nouvelles de communication notablement simplifiée. Un registre de nivellements, tenu avec soin dans les bureaux des ingénieurs, donnera pour les travaux de l'État, des départements et des communes, les plus utiles renseignements.

Il est essentiel que MM. les ingénieurs emploient tous les moyens à leur disposition pour s'assurer de l'exactitude des résultats à ins-

---

(A) Paragraphe modifié suivant l'instruction et la circulaire du 31 octobre 1879.

crire sur ce registre; ces résultats devront d'ailleurs être rattachés à des points invariables choisis avec soin, ou à des repères en métal scellés sur les monuments publics et sur les constructions particulières. Il conviendra que, dans ce dernier cas, la cote des hauteurs par rapport *au niveau de la mer* (ʌ), et, s'il y a lieu, au plan de comparaison de la localité, soit gravée sur le métal ou indiquée par des lettres en relief.

Lorsqu'il y aura dans le bureau un plan à échelle assez grande, ou lorsque l'on pourra se procurer à peu de frais un calque du plan au dix-millième du cadastre, les cotes de nivellement dont l'exactitude aura été constatée y seront successivement inscrites. Ces plans seront collés sur toile, et toutes précautions seront prises pour en assurer la conservation.

Atlas des dessins d'exécution.

La nécessité de reproduire par des dessins les détails d'exécution des ouvrages d'art est depuis longtemps reconnue : au point de vue du contrôle que l'Administration doit exercer, l'examen de ces dessins permet de s'assurer si les prescriptions des projets approuvés ont été exactement suivies; d'un autre côté, si plus tard les ouvrages exigent des réparations, ou s'il est nécessaire d'y apporter des changements, ces dessins donnent sur le mode de construction tous les renseignements propres à faciliter l'adoption des dispositions les plus convenables.

Les détails importants des ouvrages et surtout les détails des parties qui doivent rester cachées, ou qu'il serait difficile de relever exactement plus tard, seront rapportés sur l'atlas.

Je recommande à MM. les ingénieurs de faire exécuter ces dessins avec tout le soin nécessaire pour en assurer l'exactitude complète, mais de n'y mettre aucun luxe inutile et de n'y faire consacrer que le temps indispensable.

MM. les inspecteurs divisionnaires, en apposant leur visa sur l'atlas, désigneront, s'il y a lieu, les dessins dont la copie devra être envoyée au ministère, et fourniront ainsi les éléments d'une collection précieuse, qui pourra être ultérieurement publiée.

Feuilles de rappel.

Plusieurs ingénieurs en chef adressent, à des époques périodiques, aux ingénieurs ordinaires, des feuilles de rappel de toutes les affaires dont l'instruction se prolonge au delà de certains délais déterminés. Il convient que cet usage soit généralisé; c'est pour le chef et les subordonnés un moyen de constater la situation de leur service et de faire cesser les négligences qui peuvent se produire.

(ʌ) Indication modifiée suivant l'instruction et la circulaire du 31 octobre 1879.

Les délais à déterminer pour chaque espèce d'affaires seront fixés par les ingénieurs en chef, et modifiés, s'il y a lieu, conformément aux prescriptions des inspecteurs divisionnaires.

Archives et inventaires (a).

L'instruction prescrit diverses dispositions pour l'arrangement des archives et la tenue des inventaires. Ces prescriptions devront être mises à exécution dans un délai aussi court que le permettront les exigences du service.

Toutefois, je sais que, dans un assez grand nombre de bureaux, les archives de même que les inventaires sont tenus dès à présent avec régularité, et je reconnais qu'il y aurait des inconvénients à changer pour ces bureaux l'ordre établi, afin d'y substituer des formes nouvelles. C'est à MM. les inspecteurs divisionnaires qu'il appartiendra de décider, pour chaque service, si les choses peuvent rester provisoirement dans l'état où elles sont aujourd'hui, ou s'il convient de se conformer aux dispositions réglementaires, et dans quel délai le travail nécessaire à cet effet devra être terminé.

Dans tous les cas, les dispositions relatives au timbre et aux mouvements des objets appartenant à l'État devront être mises à exécution dans le délai fixé par l'instruction.

Magasins.

Il n'existe qu'un petit nombre de travaux qui exigent un magasin pour la conservation de matières appartenant à l'État, destinées à être mises ultérieurement en œuvre. Toutes les prescriptions de l'instruction peuvent y être immédiatement appliquées sans difficulté.

Remise du service en cas de remplacement.

Lorsqu'un ingénieur est remplacé, la remise de son service à l'ingénieur qui lui succède ne se fait pas toujours régulièrement. Le nouveau règlement contient à cet égard des dispositions dont l'exécution pourvoira à une véritable nécessité, en engageant à la fois la responsabilité des deux ingénieurs intéressés. Je saisis cette occasion d'inviter MM. les ingénieurs à s'efforcer toujours, lorsqu'ils vont quitter un service, de terminer toutes les affaires qu'à raison de la connaissance de certaines circonstances ils sont seuls en mesure de traiter convenablement : cette observation s'applique surtout au règlement des comptes des entrepreneurs; si, comme il arrive assez souvent, il est presque impossible de terminer ces comptes avant l'époque fixée pour le départ, il faut au moins que MM. les ingénieurs laissent à leur successeur tous les renseignements nécessaires, et se mettent, de plus, en mesure de produire ultérieurement les justifications qui pourront leur être demandées, tant sur les difficultés

---

(A) Article modifié suivant l'instruction et la circulaire du 31 octobre 1879.

élevées par les entrepreneurs que sur les augmentations de dépense qui seraient la conséquence de leur gestion.

Indépendamment du contrôle incessant que les productions des ingénieurs ordinaires, l'examen des affaires et ses propres tournées le mettent à même d'exercer, l'ingénieur en chef doit veiller à ce que le service intérieur des bureaux se fasse régulièrement et à ce que toutes les prescriptions réglementaires soient exactement observées. J'ai reconnu que, pour rendre leur action aussi efficace que l'exige l'intérêt d'une bonne administration, il est utile qu'un procès-verbal constate les résultats de la visite faite annuellement par l'ingénieur en chef dans les bureaux de l'ingénieur ordinaire.

Ces procès-verbaux formeront une partie essentielle des comptes rendus sur la tenue des bureaux et sur la comptabilité.

Toutes les formules dont les modèles sont joints à l'instruction seront imprimées par les soins de MM. les ingénieurs en chef, auxquels l'Administration fera parvenir prochainement quelques exemplaires de chacune, destinés à servir de types. Les frais seront payés sur les crédits ouverts pour les dépenses diverses, sauf toutefois en ce qui touche les formules nos 21 et 22, qui, comme par le passé, doivent rester à la charge des ingénieurs.

Les frais de reliure des registres et d'acquisition des timbres seront payés sur les mêmes fonds. Il sera rendu compte de ces dépenses dans les formes ordinaires.

Je vous prie de m'accuser réception de la présente circulaire, dont j'adresse des ampliations à MM. les ingénieurs en chef et ordinaires des ponts et chaussées.

Recevez, Monsieur le Préfet, l'assurance de ma considération la plus distinguée.

Le Ministre des Travaux publics,

Signé : N. LEFEBVRE-DURUFLÉ.

Marginal notes:

Visite annuelle des bureaux de l'ingénieur ordinaire par l'ingénieur en chef.

Frais d'impression des formules.

INSTRUCTION

SUR

LA TENUE DES BUREAUX DES INGÉNIEURS

DES PONTS ET CHAUSSÉES.

SOMMAIRE.

INSTRUCTION

LA TENUE DES BUREAUX DES INGÉNIEURS

DES PONTS ET CHAUSSÉES.

CHAPITRE Iᵉʳ.

ENREGISTREMENT DES AFFAIRES.

ARTICLE PREMIER.

Toutes les affaires qui sont adressées aux ingénieurs, soit hiérarchiquement, soit par des personnes étrangères à l'administration des ponts et chaussées, et celles dont les ingénieurs prennent eux-mêmes l'initiative sont inscrites, à mesure qu'elles se produisent, sur des registres d'ordre. Il n'est fait d'exception à cette règle que pour les pièces de comptabilité qui sont portées sur les livres spéciaux prescrits par les règlements.

ART. 2.

L'ingénieur en chef fait tenir dans son bureau :

1º Un registre d'ordre des affaires diverses, modèle nº 1 ;

2º Un registre d'ordre des permissions de voirie et des indemnités de terrains auxquelles ces permissions peuvent donner lieu, modèle nº 2 ;

3º Un registre d'ordre des procès-verbaux de contraventions et délits, modèle nº 3 ;

4º Un registre d'ordre des affaires du service hydraulique, usines, irrigations, curages, desséchements, drainages, police des cours d'eau non navigables ni flottables, modèles nᵒˢ 4 et 4 *bis*.

Ce dernier registre se divise en deux parties :

La première comprend toutes les affaires du service hydraulique, de quelque nature qu'elles soient;

La deuxième comprend seulement celles qui donnent lieu à une instruc-

SERVICE
DE
L'INGÉNIEUR EN CHEF.

Registres d'ordre.

tion conforme à la circulaire du 23 octobre 1851. Ces affaires, déjà inscrites dans la première partie, seront continuées dans la deuxième à partir
de la première enquête.

Chaque partie du registre a une série spéciale de numéros d'ordre.

ART. 3.

Pour chaque espèce de registre la même série de numéros d'ordre est
suivie pendant une période de cinq années au moins, quel que soit le nombre
des renouvellements des volumes. La durée de cette période pourra être
augmentée, suivant l'importance des services; elle devra prendre terme à la
fin d'une année.

ART. 4.

Répertoires.

A chacun des quatre registres d'ordre correspond un répertoire qui comprend toutes les affaires inscrites sur ce registre.

Le répertoire forme un seul volume pour chacune des périodes dont il a
été question dans l'article précédent.

Toutes les inscriptions des différentes colonnes du répertoire doivent être
séparées par années.

Le répertoire des affaires diverses (modèle n° 5) sera dressé d'après les
titres des sections de l'inventaire des archives (voir modèle n° 26), pour lesquelles il n'existe pas de registre d'ordre spécial. On établira dans chaque
section les subdivisions nécessaires.

Le répertoire des affaires de voirie (modèle n° 5 *bis*) contiendra, par
ordre alphabétique, les noms des propriétaires ou des pétitionnaires, suivis
de l'indication de la route ou rivière, etc., et de la commune. Des articles y
seront ouverts, en outre, à chaque route, de manière à faciliter le classement
des affaires dans les archives.

Le répertoire des contraventions et délits (modèle n° 5 *ter*) contiendra,
par ordre alphabétique, les noms des contrevenants ou délinquants, portés,
suivant la nature de l'affaire (grande voirie, police du roulage, pêche, simple
police), dans l'une des quatre colonnes qui correspondent à la même lettre
de l'alphabet.

Le répertoire des affaires du service hydraulique (modèle n° 5 *quater*)
sera dressé de même par ordre alphabétique et contiendra les noms des
pétitionnaires, suivis de l'indication du cours d'eau et de la commune, avec
les numéros d'ordre différents qui peuvent correspondre, dans les deux
parties du registre d'ordre, à une même affaire. De plus, des articles y seront
ouverts à chaque bassin formé par un cours d'eau principal et ses affluents,
afin de recevoir, outre les affaires déjà classées par ordre alphabétique,
celles qui ne correspondent à aucun nom propre.

Les feuillets des répertoires sont découpés de manière à laisser apparent
le signet portant la lettre de l'alphabet ou le titre du chapitre auquel ils se
rapportent.

L'inscription de l'affaire sur le répertoire est constatée par un pointage
dans la colonne des numéros d'ordre du registre correspondant. On y met

un ou deux signes de convention, suivant que l'affaire, d'après la classification adoptée, est portée sur un ou deux articles du répertoire.

ART. 5.

L'ingénieur en chef fait, en outre, tenir dans son bureau un registre matricule du personnel de son service, modèle n° 6.

Ce registre est divisé en deux parties :

La première comprend les ingénieurs;

La deuxième, les conducteurs et agents qui doivent figurer dans les comptes du personnel dressés pour la tournée de l'inspecteur général.

L'état civil de chaque fonctionnaire ou agent y est inscrit, ainsi que l'époque de la nomination à chaque grade et l'indication sommaire des services rendus.

Les noms sont portés à la suite, dans chaque partie, par ordre d'arrivée dans le service et sans distinction de grade.

Une table alphabétique sera annexée au registre de manière à faciliter les recherches.

Registre matricule des ingénieurs, conducteurs et agents.

ART. 6.

Il est délivré par l'ingénieur en chef en fonctions un extrait du registre, en ce qui le concerne, à chaque ingénieur ou agent qui quitte le service, modèle n° 7.

Cet extrait est communiqué à l'ingénieur en chef du nouveau service auquel l'ingénieur ou l'agent est attaché, pour être reporté sur le registre matricule de ce service.

Extrait du registre matricule à délivrer à chaque fonctionnaire ou agent.

ART. 7.

L'ingénieur en chef tient personnellement :

1° Un registre de ses tournées sur toutes les parties des routes, rivières, etc., soumises à sa surveillance, modèle n° 8;

Il y inscrit sommairement les observations recueillies dans ses tournées;

Registre des tournées de l'ingénieur en chef.

2° Les feuilles signalétiques individuelles, modèles n°s 9 et 9 *bis,* des ingénieurs, conducteurs et employés secondaires portés sur le registre matricule.

Feuilles signalétiques.

Le registre des tournées et le dossier des minutes des feuilles signalétiques restent constamment entre les mains de l'ingénieur en chef; ils sont remis directement par lui à son successeur ou conservés sous scellés jusqu'à l'arrivée de ce dernier.

ART. 8.

L'ingénieur ordinaire fait tenir dans son bureau :

1° Un registre d'ordre des affaires diverses, modèle n° 10;

SERVICE DE L'INGÉNIEUR ORDINAIRE.

2° Un registre d'ordre des permissions de voirie et des indemnités de terrains auxquelles ces permissions peuvent donner lieu, modèle n° 11 ;

Registres d'ordre.

3° Un registre d'ordre des procès-verbaux de contraventions et délits, modèle n° 12 ;

Lorsque les procès-verbaux sont adressés directement au sous-préfet ou à d'autres magistrats, l'ingénieur en donne en même temps avis à l'ingénieur en chef, modèle n° 13 ;

4° Un registre d'ordre des affaires du service hydraulique, modèles n°ˢ 14 et 14 *bis*.

Les dispositions prescrites pour la tenue des registres de l'ingénieur en chef et des répertoires correspondants sont applicables au service de l'ingénieur ordinaire.

ART. 9.

Registre
des
ordres de service
donnés
aux entrepreneurs.

L'ingénieur ordinaire fait tenir un registre des ordres de service aux entrepreneurs, modèle n° 15.

Les ordres donnés aux divers entrepreneurs, avant et pendant l'exécution des travaux, y sont inscrits par ordre chronologique, sans lacune et sans classification.

Ces ordres sont portés immédiatement à la connaissance de l'entrepreneur et lui sont notifiés, modèle n° 16, au domicile qu'il a élu, par un agent de l'Administration ; mention est faite sur le registre du nom de l'agent et de la date de la notification.

Il est formé, à la fin du registre, un répertoire dans lequel les ordres de service relatifs à chaque entreprise sont indiqués par leurs numéros et leurs dates.

ART. 10.

Sur les chantiers assez importants pour qu'un bureau y soit affecté et qu'un conducteur y soit placé à demeure, il pourra être ouvert un registre spécial d'ordres de service, semblable au registre général, sur lequel le conducteur détaché copiera les ordres qu'il reçoit de l'ingénieur et inscrira en outre ceux qu'il pensera devoir donner à l'entrepreneur ; il prendra soin d'adresser un duplicata de ces derniers ordres de service à l'ingénieur, qui, en cas d'approbation, les fera inscrire sur le registre d'ordre général de son arrondissement.

ART. 11.

Registre
des nivellements.

L'ingénieur ordinaire fait tenir un registre des nivellements, modèle n° 17.

Les résultats de toutes les opérations faites pour les besoins du service y sont inscrits.

Les nivellements sont toujours rattachés à des points fixes, choisis avec soin, et, s'il y a lieu, à des repères placés à cet effet par les agents de l'Administration. Ils sont rapportés au plan de comparaison du nivellement général de la France, ou, lorsqu'il est impossible de les rattacher immédiatement à des repères dont la position a été déterminée avec exactitude, à un plan de comparaison arbitraire, en ayant soin d'opérer la transformation aussitôt que les exigences du service le permettent.

Lorsqu'il y a un plan de comparaison adopté pour le département ou pour la localité dans laquelle se font les opérations, les cotes de nivellement, par rapport à ce plan, sont inscrites dans une colonne spéciale.

Il est fait mention sur le registre de la date des opérations et du nom des agents qui les ont faites ou vérifiées.

ART. 12.

L'ingénieur ordinaire fait faire les dessins des ouvrages d'art exécutés dans la campagne.

Ces dessins, rapportés sur des feuilles de dimensions uniformes, sont signés de l'ingénieur ordinaire, reçoivent un numéro d'ordre et sont réunis en atlas. Une table est dressée en tête de l'atlas et reçoit la mention des feuilles qui y ont été réunies.

Les plans, coupes et élévations de toutes les parties des ouvrages seront figurés d'après les échelles prescrites pour les projets, avec les dimensions exactes données dans l'exécution. On y inscrira les cotes qui seraient nécessaires. On indiquera sur les coupes la nature et l'épaisseur des couches de terrain dans lesquelles les fondations sont engagées, ainsi que les sondages qui auraient été faits, soit avant, soit pendant l'exécution des travaux.

On ajoutera, s'il y a lieu, une notice relatant les principales difficultés d'exécution et les dépenses de construction.

Atlas des dessins d'exécution.

ART. 13.

L'ingénieur ordinaire fait tenir dans son bureau un registre matricule des conducteurs et agents employés dans son service, modèle n° 6.

Registre matricule des ingénieurs, conducteurs et agents.

ART. 14.

L'ingénieur ordinaire tient personnellement :

1° Un registre de ses tournées sur toutes les parties de routes, rivières, etc., soumises à sa surveillance, modèle n° 8 ;

Il y inscrit sommairement les observations recueillies dans ses tournées.

Registre des tournées de l'ingénieur ordinaire.

2° Les feuilles signalétiques individuelles, modèle n° 9 *bis*, des conducteurs et employés secondaires portés sur le registre matricule.

Feuilles signalétiques.

Le registre des tournées et le dossier des minutes des feuilles signalétiques restent constamment entre ses mains et sont remis à son successeur, comme il est dit pour les registre et dossier correspondants de l'ingénieur en chef.

ART. 15.

En même temps qu'elle est inscrite sur le registre d'ordre, chaque affaire reçoit un timbre de forme ovale, portant en encre bleue,

Pour l'ingénieur en chef :

DISPOSITIONS COMMUNES AU SERVICE DE L'INGÉNIEUR EN CHEF ET À CELUI DE L'INGÉNIEUR ORDINAIRE.

Chaque affaire doit recevoir un timbre.

« *Ponts et chaussées.* »

« *Département de.... ou Service de....* »

« *Ingénieur en chef.* »

Pour l'ingénieur ordinaire :

« *Ponts et chaussées.* »

« *Département de. . . . . ou Service de. . . . .* »

« *Arrondissement de. . . . .* »

« *Ingénieur ordinaire.* »

On y inscrit, avec la date de l'enregistrement, le numéro d'ordre de l'affaire, précédé de la lettre indicative du registre auquel ce numéro se rapporte.

ART. 16.

Chaque dossier doit donner lieu à l'ouverture d'un bordereau, modèle n° 19; les pièces, après avoir été numérotées par ordre de date, y sont inscrites avec leurs numéros.

Le timbre d'enregistrement est apposé sur le bordereau.

Le dossier est subdivisé, s'il y a lieu, en plusieurs parties; et, dans ce cas, les bordereaux de détail de chaque partie, distingués par les lettres A, B, C, D. . . . ., sont compris dans un bordereau général, modèle n° 19 *bis*.

CHAPITRE II.

TRANSMISSION DES PIÈCES. — INSTRUCTION DES AFFAIRES.

ART. 17.

Transmission des pièces à l'ingénieur ordinaire.

L'ingénieur en chef, en transmettant une affaire à l'ingénieur ordinaire, soit pour lui demander des renseignements ou son avis, soit à titre de simple communication, indique les motifs de la transmission. L'ordre de transmission est inscrit sur la pièce qui a reçu le timbre d'enregistrement ou sur le bordereau; il est daté et signé. L'ingénieur en chef y ajoute, s'il y a lieu, des instructions spéciales, soit sur la pièce même, soit, au besoin, par une lettre d'envoi.

ART. 18.

Demandes de renseignements au conducteur.

Lorsqu'il y a lieu, pour l'instruction d'une affaire, de demander des renseignements à un conducteur, l'ingénieur ordinaire lui adresse, avec les pièces qu'il est utile de lui communiquer, un ordre de service, modèle n° 20.

Les renseignements, plans et profils nécessaires sont rapportés sur la feuille même qui porte l'ordre de service, et, s'il y a lieu, sur des feuilles annexes.

L'ordre de service est ensuite renvoyé par le conducteur et conservé dans le bureau de l'ingénieur ordinaire.

ART. 19.

Lorsqu'une pièce lui est adressée à titre de communication, l'ingénieur ordinaire, par une annotation mise sur la pièce même, datée et signée de lui, constate qu'il a pris copie ou extrait de la pièce communiquée. Lorsque son avis ou des renseignements lui sont demandés, il produit un rapport qui est annexé aux pièces du dossier.

L'ingénieur en chef y joint son avis ou y appose un simple visa, en indiquant qu'il adopte les conclusions de l'ingénieur ordinaire.

ART. 20.

Les rapports et les lettres des ingénieurs sont inscrits sur des feuilles de papier à têtes imprimées, modèles n°s 21 et 22.

ART. 21.

Les dates de toutes les pièces seront inscrites ou reproduites en haut de la première page, à droite.

ART. 22.

Le 10 de chaque mois, l'ingénieur en chef adresse à l'ingénieur ordinaire l'état des affaires en retard dans son arrondissement, modèle n° 23.

Les délais nécessaires pour l'instruction de chaque espèce d'affaires sont provisoirement fixés par l'ingénieur en chef.

L'ingénieur ordinaire indique sur cet état la situation et l'époque présumée de l'expédition de chaque affaire. Il y fait, en outre, inscrire, à la quatrième page, les affaires de toute nature qui lui ont été adressées avant la fin du mois précédent par d'autres personnes que par l'ingénieur en chef, et auxquelles il n'a pas encore répondu.

L'état est renvoyé dans les cinq jours à l'ingénieur en chef.

État des affaires en retard.

ART. 23.

Le résumé des états des affaires en retard adressés dans le cours d'une année à chaque ingénieur ordinaire, modèle n° 24, est joint au compte rendu de l'inspecteur général sur la tenue des bureaux.

CHAPITRE III.

CONSERVATION DES ARCHIVES ET DES OBJETS APPARTENANT À L'ÉTAT.

ART. 24.

On aura soin d'établir une identité parfaite entre les minutes et les expéditions.

Ces pièces doivent porter les mêmes dates, les mêmes titres, le même timbre d'enregistrement et le même numéro d'ordre du registre.

Les minutes sont, ainsi que les pièces reçues par les ingénieurs et qui doivent rester dans leurs bureaux, classées par natures d'affaires et conservées dans des cartons étiquetés.

Elles sont numérotées par ordre chronologique et recouvertes d'une chemise de dossier, modèle n° 25 *bis*, sur laquelle on inscrit le numéro, la date et la désignation sommaire de chacune des pièces.

Composition et arrangement des papiers et des dossins du service courant.

On reporte, en outre, sur la pièce même, l'indication abrégée du titre du dossier, toutes les fois que le titre ou la nature de la pièce ne suffisent pas pour faire immédiatement reconnaître à quel dossier elle appartient.

Chaque dossier se subdivise, s'il y a lieu en plusieurs liasses, dont chacune est recouverte par une chemise, modèle n° 25. Dans ce cas, on se borne à inscrire sur la chemise enveloppe du dossier, modèle n° 25 *bis,* le titre de chaque liasse.

ART. 25.

Composition
et arrangement
des
archives.

Tous les plans, dessins, projets, mémoires, titres et papiers, alors qu'ils se rapportent à des affaires des exercices antérieurs dont l'instruction ou la liquidation est terminée, et qu'ils ne sont pas d'ailleurs d'un usage habituel pour les besoins du service, font partie des archives.

Les archives sont inventoriées et classées par dossiers, suivant l'ordre de l'inventaire, dans des cartons d'un même format, placés debout comme les livres d'une bibliothèque.

Chaque dossier porte, avec un numéro d'ordre, l'indication de la section et du chapitre de l'inventaire des archives, ainsi que le numéro du carton dans lequel il doit être contenu.

Sur le dos de chaque carton on inscrit son numéro d'ordre, l'indication des sections et des chapitres de l'inventaire, le numéro d'ordre et le titre des dossiers qu'il renferme.

ART. 26.

Inventaire.

L'inventaire détaillé des archives et des objets appartenant à l'État sera divisé en deux sections :

La première comprendra les archives proprement dites, modèle n° 26 ;

La deuxième, les papiers et plans qui sont d'un usage habituel, les livres, cartes et plans, les instruments, le mobilier, les outils, machines et appareils appartenant à l'État.

ART. 27.

Inventaire
des archives.

L'inventaire des archives formera un volume à part.

Les dossiers y seront portés par nature d'affaires, en suivant la nomenclature indiquée par la circulaire du 16 novembre 1869, qui est reproduite en tête du modèle n° 26.

ART. 28:

Inventaire
des
papiers et plans
d'un usage habituel,
des instruments
et objets mobiliers
appartenant à l'État.

La seconde section de l'inventaire comprendra cinq parties :

On portera dans la première les papiers et les plans qui sont d'un usage habituel pour les besoins du service, modèle n° 27 : les pièces y seront classées comme il est dit à l'article 27 pour les archives ;

Dans la deuxième, les livres, et les cartes et plans qui ne se rapportent pas à des mémoires et projets classés, modèle n° 28 ;

Dans la troisième, modèle n° 29, les instruments qui appartiennent à l'État : on suivra, pour la rédaction de cette partie de l'inventaire, les instructions contenues dans la circulaire du 10 octobre 1849;

Dans la quatrième, modèle n° 30, les tableaux, bureaux, tablettes et cartons faisant partie du mobilier du bureau et appartenant à l'État;

Dans la cinquième, modèle n° 30 *bis*, les outils, machines et appareils de construction appartenant à l'État.

On suivra pour la rédaction de cette partie de l'inventaire les instructions contenues dans la circulaire du 5 juin 1868.

Il n'y aura, pour les deux sections de l'inventaire, qu'une seule série de numéros d'ordre. On réservera, à la suite de chaque section, de chaque partie et de chaque subdivision, les nombres de pages et de numéros d'ordre présumés nécessaires pour que le même registre puisse recevoir l'inscription de nouveaux cartons et dossiers ou de nouveaux articles pendant un assez grand nombre d'années.

ART. 29.

Dans le premier trimestre de chaque année, les ingénieurs procèdent à l'examen des dossiers qui peuvent être mis aux archives et les font porter sur l'inventaire.

Les livres, cartes, instruments et autres objets sont portés sur l'inventaire au moment de l'acquisition.

ART. 30.

Une copie de l'inventaire de chaque arrondissement est remise à l'ingénieur en chef.

Chaque année, à la fin du premier trimestre, l'ingénieur ordinaire adresse à l'ingénieur en chef un état comprenant les nouveaux articles inscrits sur l'inventaire de son arrondissement, ainsi que les articles rayés pendant l'année, modèle n° 31.

ART. 31.

Les chemises des dossiers, les livres, cartes et plans, reçoivent un timbre de forme circulaire portant, en encre noire :

Pour l'ingénieur en chef,

« Ponts et chaussées. »

« Département de . . . . . ou Service de . . . . . »

« Inventaire de l'ingénieur en chef. »

« N° . . . . »

Pour l'ingénieur ordinaire,

« Ponts et chaussées. »

« Département de . . . . . ou Service de . . . . . »

« Arrondissement de . . . . . »

« Inventaire de l'ingénieur ordinaire. »

« N° . . . . »

Chaque pièce d'un dossier porte d'ailleurs un timbre de forme carrée relatant :

le numéro du carton,

du dossier,

de la liasse

et de la pièce.

Les autres objets sont, autant que possible, marqués des lettres P. C., soit incrustées dans le bois, soit gravées sur le métal, et portent de même le numéro correspondant de l'inventaire, ou reçoivent tout au moins une étiquette numérotée avec le timbre de l'inventaire.

ART. 32.

Déplacement des pièces et objets portés sur l'inventaire.

Les pièces faisant partie des archives ne peuvent sortir des bureaux des ingénieurs qu'avec l'autorisation de l'ingénieur en chef.

Les instruments, outils, machines et autres objets portés sur l'inventaire ne peuvent être déplacés que pour les besoins du service, sur l'ordre de l'ingénieur ordinaire (bulletin d'autorisation à souche, modèle n° 33), et sur le reçu du fonctionnaire ou des agents à qui ils sont remis.

Le commis d'ordre du bureau tient un journal des déplacements, modèle n° 32. Il inscrit sur l'inventaire, dans la colonne d'observations, le numéro d'ordre du journal.

Lorsque les objets lui sont rendus, il remet à la personne intéressée un reçu détaché du bulletin à souche, modèle n° 33, après l'avoir signé pour décharge. Il passe un trait sur le numéro d'ordre inscrit dans la colonne d'observations de l'inventaire.

Les bulletins d'autorisation doivent être classés par ordre de date et soigneusement conservés par le commis d'ordre dans un carton spécial.

ART. 33.

Lorsqu'il est nécessaire de confier à un garde-magasin une partie des instruments, du mobilier, des modèles, outils, machines et appareils de construction appartenant à l'État, cet employé reçoit en même temps un extrait de l'inventaire certifié par l'ingénieur.

Il ne peut se dessaisir d'aucun objet que d'après l'ordre de l'ingénieur ou du conducteur délégué, et sur le reçu du dépositaire. Il procède d'ailleurs comme il est dit article 32.

La situation du dépôt qui lui est confié est vérifiée par les soins de l'ingénieur ordinaire, aux époques fixées par l'ingénieur en chef et au moins une fois par an.

Les résultats de cette vérification sont adressés à l'ingénieur en chef.

Lorsque les outils sont remis à des cantonniers pour leur service ordinaire, la désignation de ces outils est, en outre, inscrite sur leur livret.

ART. 34.

L'ingénieur en chef peut retirer du bureau d'un arrondissement, pour les réunir à ses archives ou les affecter à un autre arrondissement, les papiers, plans, cartes, instruments, outils, etc., lorsqu'il juge que l'intérêt du service exige cette nouvelle affectation.

Il en est alors fait mention sur l'inventaire de l'arrondissement, en regard de l'inscription des pièces ou objets, par une note que l'ingénieur en chef vise lors de sa tournée.

ART. 35.

L'ingénieur en chef envoie à chaque ingénieur ordinaire le catalogue des livres, cartes et mémoires généraux ou particuliers de ses archives et de celles des autres ingénieurs, afin que chacun puisse demander en communication les livres et les documents qu'il a besoin de consulter.

CHAPITRE IV.

CONSERVATION ET MOUVEMENT DES MATIÈRES APPROVISIONNÉES DANS LES MAGASINS DE L'ÉTAT.

—

ART. 36.

Sur les travaux où il est nécessaire d'avoir un magasin pour y renfermer les matières appartenant à l'État qui sont destinées à être mises en œuvre ultérieurement, un employé est préposé à la garde du magasin. Il est chargé de la conservation des matières et en est responsable.

Les matières sont disposées dans le magasin de la manière la plus propre à en faciliter la reconnaissance et la vérification.

Le préposé tient un journal, modèle n° 34, et un registre, modèle n° 35, destinés à faire connaître tous les objets dont se compose le magasin et tous les mouvements que ces objets viennent à éprouver.

Il inscrit sur le journal, par ordre chronologique, sans lacune et sans classification, toutes les entrées et les sorties des matières.

Le registre est divisé en deux parties :

La première comprend la nomenclature, dans un ordre méthodique, de toutes les matières, chaque objet recevant un numéro d'ordre spécial qui ne doit jamais être changé. A la suite des inscriptions de chaque série d'objets, il est réservé un certain nombre de numéros d'ordre, afin de pouvoir porter dans la nomenclature les objets nouveaux qui entreraient en magasin. Si les numéros réservés ne suffisent pas, on fait usage de numéros plus élevés que ceux de la dernière série de la nomenclature.

Des étiquettes placées dans le magasin indiquent le numéro d'ordre de chaque objet.

La deuxième partie comprend les comptes ouverts à chacune des espèces de matières du magasin. Il est réservé, pour chaque espèce, une ou plusieurs pages, suivant la fréquence des mouvements auxquels elle peut donner lieu.

ART. 37.

Aucun objet ne doit entrer en magasin sans un bon d'entrée, modèle n° 36, détaché d'un registre à souche, signé par l'ingénieur ou par le conducteur autorisé par l'ingénieur en chef, sur la proposition de l'ingénieur ordinaire.

Aucun objet ne peut sortir du magasin que sur un bon, modèle n° 37, signé de l'ingénieur ou du conducteur autorisé.

Les bons d'entrée et de sortie sont imprimés sur des papiers de couleurs différentes.

Le préposé à la garde du magasin donne un reçu à la personne qui lui remet les objets; il exige un reçu de celle à qui il les remet.

ART. 38.

Les diminutions de quantités par suite de déchets, d'avaries, de pertes résultant d'accident ou de toute autre cause dûment constatée, sont portées en sortie d'après les bons qui sont signés par l'ingénieur ordinaire et approuvés par l'ingénieur en chef.

ART. 39.

À la fin de chaque semestre, et plus souvent si cela est jugé nécessaire, le préposé adresse à l'ingénieur ordinaire un état général de la situation du magasin, modèle n° 38.

ART. 40.

L'ingénieur ordinaire transmet à l'ingénieur en chef, le 25 des mois de janvier et de juillet, après l'avoir vérifié, l'état semestriel de la situation du magasin.

CHAPITRE V.

MESURES À PRENDRE EN CAS DE REMPLACEMENT OU DE DÉCÈS D'UN INGÉNIEUR.

ART. 41.

Lorsqu'un ingénieur est remplacé, il doit, avant son départ, procéder à la vérification des archives et des objets portés sur l'inventaire, de concert avec son successeur. Il lui en fait en même temps la remise.

Le nouvel ingénieur donne son reçu sur une des dernières pages de l'inventaire. Il y ajoute, s'il y a lieu, des observations qui sont visées par son prédécesseur.

ART. 42.

L'ingénieur partant remet en outre tous les dossiers et les registres tenus conformément aux instructions, ainsi que les livres de comptabilité et les pièces à l'appui.

Un procès-verbal, dressé contradictoirement entre les deux ingénieurs, contient la désignation de toutes les pièces dont la remise n'a pas été opérée.

ART. 43.

Lorsqu'un ingénieur est obligé de partir avant l'arrivée de son successeur, il fait provisoirement la remise des archives, si c'est un ingénieur en chef, à l'ingénieur ordinaire du chef-lieu; et, si c'est un ingénieur ordinaire, à l'ingénieur d'un arrondissement voisin ou à un conducteur désigné par l'ingénieur en chef.

ART. 44.

En cas de décès d'un ingénieur ordinaire ou d'un ingénieur en chef, un ingénieur ordinaire désigné par l'ingénieur en chef, dans le premier cas, ou la personne désignée par le Ministre, dans le second cas, procède sans délai au récolement de l'inventaire des bureaux, à l'enlèvement des objets y énoncés, et au séquestre et enlèvement provisoire ainsi qu'au triage de tous les plans, mémoires et cartes relatifs à l'Administration des ponts et chaussées.

Si, parmi les papiers, cartes et plans appartenant à la succession, il s'en trouve qui puissent être utiles au service des ponts et chaussées, l'Administration les retiendra en en payant la valeur, conformément à l'article 3 de l'arrêté du 13 nivôse an X.

CHAPITRE VI.

SURVEILLANCE EXERCÉE PAR L'INGÉNIEUR EN CHEF ET PAR L'INSPECTEUR DE LA DIVISION.

ART. 45.

Du 1er mars au 1er mai de chaque année, l'ingénieur en chef procède à la visite du bureau de chacun des ingénieurs ordinaires sous ses ordres.

Il vise et arrête tous les registres prescrits pour la tenue des bureaux, l'inventaire et le registre du magasin, ainsi que les livres de comptabilité et les pièces élémentaires qu'il juge utile de consulter.

Il rend compte des résultats de ses vérifications dans deux procès-verbaux séparés, le premier se rapportant à la tenue des bureaux, modèle n° 39, et le second, à la comptabilité, modèle n° 40.

Ces procès-verbaux sont annexés au compte de tournée remis à l'inspecteur de la division.

Visite annuelle
des bureaux
des ingénieurs
ordinaires
par
l'ingénieur en chef.

ART. 46.

L'inspecteur de la division s'assure que les différents registres et livres de comptabilité prescrits par les instructions sont régulièrement tenus, tant

Tournée
de
l'inspecteur général.

4

dans les bureaux de l'ingénieur en chef que dans ceux des ingénieurs ordinaires.

Il vise ces registres.

Il s'assure que tous les dessins des ouvrages d'art exécutés dans la campagne précédente sont rapportés sur l'atlas. Il désigne, parmi les dessins de l'atlas, ceux dont il juge utile de faire adresser une copie au Ministère des travaux publics.

Il s'assure que les inventaires sont à jour, les pièces classées avec exactitude et les dessins rangés et conservés avec soin.

Il donne enfin toutes les instructions qui lui paraissent nécessaires pour que les dispositions prescrites pour la comptabilité et pour la tenue des bureaux soient appliquées avec uniformité.

ART. 47.

La présente instruction remplace et annule celle du 28 juillet 1852.

MODÈLES.

MODÈLES.

Modèle n° 1. — Art. 2 de l'Instruction.

A.

AFFAIRES DIVERSES.

REGISTRE D'ORDRE

DE L'INGÉNIEUR EN CHEF.

Nota. Les mots et parties de mots en lettres italiques ne doivent pas être reproduits sur les formules imprimées; ils ne figurent sur les modèles qui suivent que pour servir d'exemples.

Format 0ᵐ,32 sur 0ᵐ,49.

NUMÉRO d'ordre. (1)	DATE de l'enregistrement. (2)	DÉSIGNATION SOMMAIRE DE L'AFFAIRE. (3)	DATE ET ANALYSE des LETTRES, RAPPORTS OU PÉTITIONS. (4)	DATE de la remise du rapport ou du renseignement à l'ingénieur ordinaire. (5)	DATE de la rentrée de l'affaire ou de la réception des renseignements. (6)	DATE ET ANALYSE DES LETTRES OU RAPPORTS DE L'INGÉNIEUR ORDINAIRE. (7)	DATE ET ANALYSE DES LETTRES OU RAPPORTS DE L'INGÉNIEUR EN CHEF. (8)	DATE ET ANALYSE DES DÉCISIONS. (On indiquera les dates d'envoi ou de retour des pièces.) (9)	OBSERVATIONS. (10)
311 +	3 février.	Routes nationales. Travaux neufs et de grosses réparat°°. — Route n° 172. Traverse de Kermini.	28 janvier. — M. Germain, propriétaire d'une maison et d'un terrain sur le bord de la route, se plaint que, par suite des travaux d'amélioration exécutés dans la campagne dernière, les eaux de la route sont rejetées sur sa propriété et y causent des dommages.	5 février. — M. M.....	19 février.	18 février. — Il n'a été apporté aucun changement au mode d'écoulement des eaux. M. Germain, loin d'avoir à souffrir de l'exécution des travaux, y a certainement beaucoup gagné. Proposition de rejeter la réclamation.	22 février. — Appuie les conclusions de l'ingénieur ordinaire. Insiste pour que la réclamation soit rejetée dans un bref délai.	1er mars. — Arrêté du préfet qui rejette la réclamation. Le 5 mars. — Communiqué l'arrêté à M. M...... qui le renvoie le 7.	L'ingénieur en chef, en adressant l'affaire à M. M...... appelle son attention sur un fait qu'il a remarqué dans l'une de ses tournées. (Voir la réclamation antérieure, n° 153.)
312 +	3 février.	Routes nationales. Travaux d'entretien. — Projet de sous-répartition des crédits ouverts.	3 février. — L'ingénieur en chef fait connaître le montant des crédits alloués pour chaque arrondissement. — Exercice 1881. — 1re catégorie, chap. — Demande un projet de sous-répartition.	3 février. — Aux 3 ingénieurs.	7 février. 8 février. 12 février.	6 février. — M. M.... adresse ses propositions. 7 février. — M. N.... adresse ses propositions. 11 février. — M. I.... adresse ses propositions.	14 février. — L'ingénieur en chef adresse au préfet le projet de sous-répartition pour l'ensemble de son service.	28 février. — Le préfet renvoie le projet approuvé. 2 mars. — Donné par lettre avis aux trois ingénieurs.	Le 10, lettre de rappel à M. I..... pour l'inviter à envoyer immédiatement ses propositions.
313	3 février.	Routes départementales. Alignements. — Route n° 16. Traverse de Saint-Marcel.	1er février. — Le préfet renvoie le projet d'alignement, avec les observations produites dans les enquêtes, et l'avis de la commission d'enquête.	3 février. — M. I....	14 février.	10 février. — M. I..... propose de ne pas avoir égard aux observations du conseil municipal, ni à l'avis de la commission d'enquête, en ce qui concerne le tracé des alignements de la rue Saint-Benoît. Il propose d'adopter les autres modifications demandées.	27 février. — L'ingénieur en chef est d'avis de faire droit aux réclamations du conseil municipal au sujet de la rue Saint-Benoît. Il adopte les autres conclusions de l'ingénieur ordinaire.	21 mars. — Décision du ministre qui approuve le plan modifié conformément à l'avis de l'ingénieur en chef.	13 février. — Écrit au maire de Saint-Marcel pour lui demander des renseignements au sujet de quelques observations produites dans les enquêtes. — 25 février. Réponse du maire. (V. la suite de l'aff., n° 492.)
314 +	3 février.	Routes nationales. Ponts et ouvrages d'art. — Route n° 195. Construction du pont de Judas.	2 février. — M. N.... fait connaître les difficultés que présentent les travaux de fondation du pont de Judas. — Il indique plusieurs moyens. — Il demande des instructions.	»	»	»	3 février. — L'ingénieur en chef prescrit de prendre les dispositions nécessaires pour établir un radier général. Il annonce qu'il se rend immédiatement sur les lieux.	»	»
315	3 février.	Routes départementales. Travaux d'entretien. — Mauvais état de la route n° 17, entre C.... et D....	3 février. — L'ingénieur en chef signale le mauvais état de la route qu'il vient de parcourir, notamment entre C.... et D.... Il prescrit d'y faire les réparations nécessaires et indique les mesures à prendre.	3 février. — M. M.....	»	»	»	»	»
316	4 février.	Routes nationales. — État des terrains remis aux Domaines.	3 février. — L'ingénieur en chef adresse au préfet l'état indicatif annuel des terrains devenus inutiles au service de la grande voirie.	»	»	»	»	»	Classé aux Archives, section 5 (Routes nationales), chapitre 37 (État des terrains), dossier n° .
317	4 février.	Personnel. Conducteurs.	1er février. — Circulaire ministérielle relative aux frais de découcher des conducteurs.	5 février. — Aux 3 ingénieurs.				»	Classé aux Archives, section 2 (Personnel), chapitre 11 (Conducteurs), dossier n° (Frais de déplacements et de découcher).
318 +	6 février.	Routes nationales. Travaux neufs et de grosses réparations. — Route n° 195.	5 février. — Rapport de M. M.... sur la nécessité de restaurer la route entre ..... et						
319									
320									

Modèle n° 2. — Art. 2 de l'Instruction.

V.

AFFAIRES DE VOIRIE.

REGISTRE D'ORDRE

DE L'INGÉNIEUR EN CHEF.

Format 0ᵐ,32 sur 0,49ᵐ.

NUMÉRO d'ordre.	DATE de l'enregistrement ou travaux. 2	DÉSIGNATION de la route, rivière, etc., et de la traverse ou de la commune. 3	NOMS des pétitionnaires. 4	DATE ET ANALYSE DES PÉTITIONS. 5	DATE de l'envoi à l'ingénieur ordinaire. NOM de l'ingénieur. 6	DATE ET ANALYSE DU RAPPORT DE L'INGÉNIEUR ORDINAIRE. 7	DE L'INGÉNIEUR EN CHEF. 8	DATE ET ANALYSE DES DÉCISIONS. (On indiquera les dates de l'envoi et du retour des pièces.) 9	RÉCOLEMENT. DATE du procès-verbal. 10	DATE de l'arrivée. 11	DATE de l'envoi en préfet. 12	OBSERVATIONS. 13
111 + ⊙	3 février.	Route départementale n° 17. — Traverse des Grès.	Mme veuve Darenne.	29 janvier. — Demande l'autorisation de construire un mur pour clore sa propriété, rue Saint-Antoine, n° 10.	3 février. M. N...	10 février. — Proposition de fixer l'alignement conformément au plan qui est soumis aux enquêtes. Cet alignement coïncide avec la limite de la propriété.	11 février. — Adopte cette proposition.	19 février. — Arrêté conforme aux propositions. Le 22. — Communiqué à M. N... Le 26. — Retour de l'arrêté.	29 juin 1881.	3 juillet.	10 juillet.	
112 +	3 février.	Rivière de la Seine. — Marolles.	M. Daubenton (Jean-Louis).	27 janvier. — Demandes : 1° réparer la façade de sa maison ; 2° de construire un aqueduc sous le chemin de halage pour rejeter les eaux de sa cour directement dans la rivière.	3 février. M. M...	12 février. — 1° La façade est sur l'alignement adopté. — Propose d'accorder ; 2° Il n'y a aucun inconvénient à laisser établir un aqueduc. Fixe les dimensions.	14 février. — 1° Adopte ; 2° Adopte, mais change les dimensions de l'aqueduc.	23 février. — Arrêté conforme aux propositions de l'ingénieur en chef. Le 26. — Communiqué à M. M... Le 7 mai. — Retour de l'arrêté.	3 mai 1881.	7 mai.	10 mai.	
113 + ⊙	4 février.	Route nationale n° 192. — Traverse de Saint-Maurel.	M. Charton (Pierre).	28 janvier. — Réclame une indemnité pour le terrain qu'il a cédé à la route par suite de la reconstruction de sa maison.	5 février. M. L...	18 février. — Il y a eu cession à la route de 138m,12. Soit à 0f,40 prix adopté, 55f,25.	20 février. — Avis approbatif.	10 mars. — Le préfet transmet l'acte de vente. 12 mars. — Communiqué à M. L... 14 idem. — Certifié pour payement. 15 idem. — Mandat de payement.				(Voyez année 1879 n° 4,287.)
114	4 février.	Route départementale n° 5. — au tourne-bride, Commune de Milcon.	M. Verneuy (Philippe-Antoine).	21 janvier. — Réclame l'autorisation : 1° de reconstruire sa maison ; 2° d'établir un abattoir sur la route.	4 février. M. M...	18 février. — Alignement à 10m de l'axe de la route. Refuse de laisser établir un abattoir. Cession de 122m superficiels de terrain à 0f,50 ; soit 61f.	20 février. — Avis approbatif.	28 février. — Arrêté conforme. 2 mars. — à M. M... 15 septembre 1881. — Acte de vente. 22 septembre 1881. — Certificat pour payement. 25 septembre 1881. — Mandat de payement.	11 juillet 1881.	15 juillet.	26 août.	
115												
116												
117												
118												
119												
120												

Modèle N° 3. — Art. 2 de l'Instruction.

C.

CONTRAVENTIONS ET DÉLITS.

REGISTRE D'ORDRE

DE L'INGÉNIEUR EN CHEF.

Format 0^m,32 sur 0^m,49.

Année 1881. Registre d'ordre de l'Ingénieur en chef.

NUMÉROS d'ordre.	DATE de l'enregistrement.	DATE des procès-verbaux.	NOMS ET PROFESSIONS des délinquants.	NOMS ET QUALITÉS des agents qui ont verbalisé.	DÉSIGNATION de la route, rivière, etc., et de la commune où le délit a été commis.	NATURE DES DÉLITS.	DATE DE LA SORTIE. Désignation du fonctionnaire à qui les procès-verbaux sont adressés.	INSTRUCTION RELATIVE AUX MOYENS DE DÉFENSE. DATE de l'arrivée.	DATE de l'envoi à l'ingénieur ordinaire.	DATE ET ANALYSE DES RAPPORTS de l'ingénieur ordinaire.	de l'ingénieur en chef.	AUTORITÉS qui ont statué.	DATE ET ANALYSE des décisions. (On indique les dates d'envoi et de retour des pièces.)	DATE de l'exécution.	FRAIS D'AMENDES. Montant.	Date du recouvrement.	OBSERVATIONS.
1	2	3	4	5	6	7	8	9	10	11	12	13	14	15	16	17	18
11	3 février.	31 janvier.	M. Desmaisons (Pierre), maître maçon.	M. O... conducteur des ponts et chaussées.	Marne, hameau de la Tuilerie.	Construction d'un mur dans la zone réservée pour le halage.	3 février. — Au préfet.										
12 +	5 février.	1er février.	M. Ventadour (Louis), propriétaire.	M. P...: chef cantonnier.	Route départementale n° 17. — Traverse de Saint-Nicolas.	Réparation d'une façade en saillie sur l'alignement.	3 février. — Au préfet.	23 fév.	24 fév.	1er mars. — Démolition de... Amende de 25 francs.	4 mars. — Démolition de... Amende de 16 francs.	Conseil de préfecture.	5 avril 1881. Arrêté conforme aux conclusions de l'ingénieur en chef. Envoi : 15 avril. Retour : 21 avril.	15 juin.	5f,33.	1er août.	
13	6 février.	2 février.	M. etc.	M.	Route nationale n° 192.												
14	9 février.	8 février.	M. etc.	M.	Chemin de fer de à												
15 +	9 février.	3 février.	M. Vatout (Nicolas), maître maçon.	M. O... employé secondaire des ponts et chaussées.	Route nationale n° 192. — Traverse du Morlot.	Dépôt de moellons sur l'accotement et une partie de la chaussée.	8 février. — Au sous-préfet.	28 fév.	28 fév.	5 mars. — Requiert une amende de 16 francs.	7 mars. — Conclusions conformes.	Conseil de préfecture.	20 avril 1881. Arrêté conforme. Envoi : 9 mai. Retour : 12 mai.	15 mai.	5f,33.	1er août.	Bulletin d'avis du 8 février.
16 +	20 février.	16 février.	M. Villon (Jacques).	M. L... garde-pêche.	Rivière d'Armance. — Commune de Saint-Joseph.	Pêche en temps prohibé.	19 février. — Procureur de la République de...	"	"	"	"	Tribunal correctionnel de...	1er juillet 1881. Amende de 30 francs. Envoi : 10 juillet. Retour : 12 juillet.	8 août.	10 fr.	31 août.	Bulletin d'avis du 19 février.
17 +	23 février.	19 février.	M. Vigier (Philippe), propriétaire.	M. P... garde-rivière.	Ruisseau de Louvir. — Commune de Saint-Marc.	Coupure de la berge et prise d'eau sans autorisation.	22 février. — Commissaire de police de...	"	"	22 février. — A conclu à une amende de 15 francs et au rétablissement des lieux.	"	Tribunal de simple police de...	15 juin. Amende de 10 francs. Envoi : 30 juin. Retour : 4 juillet.	"	"	"	Bulletin d'avis du 22 février. Proposition d'appel. (Voir pour la suite le n°...
18																	
19																	
20																	

Modèle nº 4. — Art. 2 de l'Instruction.

H (1ʳᵉ PARTIE).

AFFAIRES DU SERVICE HYDRAULIQUE.

REGISTRE D'ORDRE

DE L'INGÉNIEUR EN CHEF.

Format : 0ᵐ,32 sur 0ᵐ,49.

N° d'ordre (1)	Date du récépissé (2)	Désignation sommaire de l'affaire, du cours d'eau et de la commune (3)	Noms des pétitionnaires (4)	Date et analyse des pétitions (5)	Date de l'envoi à l'ingénieur ordinaire. — Nom de l'ingénieur (6)	Date et analyse du rapport de l'ingénieur ordinaire (7)	de l'ingénieur en chef (8)	Date et analyse des décisions. On indiquera les dates de l'envoi et du retour des pièces (9)	Récolement. Date du procès-verbal (10)	Date de l'avis (11)	Date de l'envoi au préfet (12)	Observations (13)
121 + ⊕	1er mars.	Police des cours d'eau. Bassin de l'Armance. — Rivière de Calonne. Commune de Saint-Julien.	M. Arnoul (Léon).	26 février. — Projette de construire un pont pour le passage de l'avenue conduisant à sa fabrique.	1er mars. — M. M...	17 mars. — Avis favorable sous les conditions suivantes: culée droite dans l'alignement de la berge régularisée; — débouché linéaire: 5 mètres; débouché superficiel: 12m,00.	19 mars. Avis conforme.	31 mars 1881. — Arrêté conforme. — 3 avril. — Communiqué à M. M... 7 avril — Retour de l'arrêté.	5 juillet.	11 juillet.	29 juillet.	
122 + ⊕	9 mars.	Usines. Rivière d'Armance. — Commune de Saint-Joseph.	M. Vincent (Louis-Jérôme).	20 février. — Demande à faire divers changements aux ouvrages régulateurs de son usine (moulin à blé).	2 mars. — M. M...	15 mars. — Propose d'autoriser la revision du règlement actuellement en vigueur.	16 mars. — Proposition conforme. Le pétitionnaire devra compléter sa demande par la production du règlement de son usine en date du 3 février 1835.	31 mars 1881. — Décision ministérielle conforme. — 5 avril. — Communiqué à M. M... 8 avril. — Renvoyé avec projet d'arrêté ordonnant l'ouverture de la 1re enquête.	»	»	»	Voir la suite de cette affaire à la 2e partie du registre H (n° 31).
123 ⊕	3 mars.	Curage. Bassin de l'Armance. — Buisseau de Louvie. Commune de Ribes.	Divers propriétaires riverains.	28 février. — Se plaignent du défaut de curage du ruisseau de Louvie en aval du pont de Ribes.	4 mars. — M. M...	20 mars. — Projet d'arrêté suivant les articles 1, 3 et 4 de la loi du 14 floréal an XI.	25 mars. — Proposition conforme. Augmenter la durée du délai d'exécution accordé aux riverains (art. 7).	1er avril 1881. — Arrêté conforme. — 6 avril. — Communiqué à M. M... 10 avril. — Retour de l'arrêté.	15 sept.	2 octobre.	3 octobre.	
124												
125												
126												
127												
128												
129												
130												

Modèle n° 4 *bis*. — Art. 2 de l'Instruction.

H (2ᵉ PARTIE).

USINES ET PRISES D'EAU D'IRRIGATION.

REGISTRE D'ORDRE

DE L'INGÉNIEUR EN CHEF.

Format 0ᵐ,32 sur 0ᵐ,49.

Numéros d'ordre 1	DATE de l'enregistrement 2	DÉSIGNATION du cours d'eau et de la commune 3	NOM du réclamant 4	DATE et analyse de la pétition 5	DATE de l'ouverture de la 1re enquête 6	DATE du renvoi à l'ingénieur ordinaire. Désignation de l'ingénieur 7	DATE ET ANALYSE DES RAPPORTS de l'ingénieur ordinaire 8	DATE ET ANALYSE DES RAPPORTS de l'ingénieur en chef 9	DATE de l'ouverture de la 2e enquête 10	INSTRUCTION APRÈS LA 2e ENQUÊTE — DATE de la rentrée de l'affaire 11	du renvoi à l'ingénieur 12	DATE ET ANALYSE DES RAPPORTS de l'ingénieur ordinaire 13	de l'ingénieur en chef 14	DATE et analyse de la décision (On indiquera la date d'envoi et de retour des pièces.) 15	DÉCOLLEMENT DATE du procès-verbal 16	DATE de l'arrêté 17	DATE de l'envoi au préfet 18	OBSERVATIONS 19
31.	24 mai.	L'Arnance. — Commune de Saint-Joseph.	M. Vincent (Louis-Jérôme).	20 février 1881. — Demande à faire divers changements aux ouvrages régulateurs de son moulin.	2 mai 1881.	24 mai 1881. — M. M...	3 juillet 1881. — Propose d'accorder l'autorisation et de régler l'usine.	10 juillet. — Adopte. Appelle l'attention des intéressés sur les dispositions des vannes de décharge auprès du chemin bas.	11 août 1881.	4 oct. 1881.	4 oct. 1881.	27 octobre 1881. — Persiste dans ses propositions.	3 novembre 1881. — Avis approbatif.	4 novembre 1881. — Arrêté conforme du préfet. 15 novembre. — Communiqué à M. M...	6 octobre 1882.	16 octobre 1882.	20 octobre 1882.	(Voir la 1re partie n° 122.) (Voir pour la suite de l'affaire le n° 243.)
32.																		
33.																		
34.																		
35.																		

Modèle n° 5. — Art. 4 et 8 de l'Instruction.

A.

AFFAIRES DIVERSES.

RÉPERTOIRE

DE L'INGÉNIEUR $\left\{\begin{array}{l} \textit{en chef.} \\ \textit{ordinaire.} \end{array}\right.$

DU 1ᵉʳ JANVIER   AU 31 DÉCEMBRE

Format 0ᵐ,32 sur 0ᵐ,49.

NUMÉROS du REGISTRE d'ordre.	ROUTES NATIONALES. TRAVAUX D'ENTRETIEN.	NUMÉROS du REGISTRE d'ordre.	ROUTES NATIONALES. TRAVAUX NEUFS ET DE GROSSES RÉPARATIONS.	NUMÉROS du REGISTRE d'ordre.	ROUTES NATIONALES. PONTS ET OUVRAGES D'ART.	NUMÉROS du REGISTRE d'ordre.	ROUTES NATIONALES. PLANTATIONS.	
	ANNÉE 1881.		*ANNÉE 1881.*		*ANNÉE 1881.*		*ANNÉE 1881.*	Service général.
312	*Projet de sous-répartition des crédits ouverts.*	311	*Route n° 192. — Traverse de Revvaint, réclamation Germain.*	314	*Route n° 195. — Construction du pont de Judas, fondations.*			Personnel.
		318	*Route n° 195. — Restauration entre........ et.........*					Comptabilité du Trésor.
	ANNÉE 1882.		*ANNÉE 1882.*		*ANNÉE 1882.*		*ANNÉE 1882.*	Comptabilité du département.
								Routes nationales.
								Routes départementales.
								Ponts suspendus et ponts à péage.
								Travaux maritimes.
								Rivières navigables et flottables.
								Canaux et rivières canalisées.

NOTE. Lorsqu'un des articles du répertoire est susceptibles de former plus de quatre subdivisions, on lui consacrera plusieurs *doubles pages* sous le même signet.

Modèle n° 5 *bis*. — Art. 4 et 8 de l'Instruction.

V.

AFFAIRES DE VOIRIE.

RÉPERTOIRE

DE L'INGÉNIEUR { *en chef.* / *ordinaire.* }

DU 1er JANVIER   AU 31 DÉCEMBRE

Format : 0ᵐ,32 sur 0ᵐ,49.

NUMÉROS du registre d'ordre.	TABLE ALPHABÉTIQUE.	NUMÉROS du registre d'ordre.	TABLE ALPHABÉTIQUE.
	Année 1881.		*Année 1881.*
113	Chartan (Pierre). — Route nationale n° 192. — Saint-Marcel.	111	Davenne (Mme). — Route départementale n° 17. — Traverse des Grès.
125		112	Daubenton (Jean-Louis). — Seine. — Marcilly.
	Année 1882.		*Année 1882.*

NUMÉROS du registre d'ordre.	ROUTE NATIONALE N° 192.	NUMÉROS du registre d'ordre.	ROUTE DÉPARTEMENTALE N° 17.
	Année 1881.		*Année 1881.*
113	Chartan (Pierre). — Saint-Marcel.	111	Mme Davenne. — Traverse des Grès.
157		192	
	Année 1882.		*Année 1882.*

Modèle n° 5 *ter*. — Art. 4 et 8 de l'Instruction.

C.

CONTRAVENTIONS ET DÉLITS.

RÉPERTOIRE

DE L'INGÉNIEUR { *en chef.* *ordinaire.*

DU 1er JANVIER   AU 31 DÉCEMBRE

Format 0m32 sur 0m49.

NUMÉROS du REGISTRE d'ordre.	GRANDE VOIRIE.	NUMÉROS du REGISTRE d'ordre.	POLICE DU ROULAGE.
	ANNÉE 1881.		ANNÉE 1881.
12	Ventadour (Louis). — Route départementale n° 17. — Saint-Nicolas.		
15	Vatout (Nicolas). — Route nationale n° 192. — Merlot.		
	ANNÉE 1882.		ANNÉE 1882.

NUMÉROS du REGISTRE d'ordre.	PÊCHE.	NUMÉROS du REGISTRE d'ordre.	CONTRAVENTIONS DE SIMPLE POLICE.	
	ANNÉE 1882.		*ANNÉE 1881.*	A
16	Villon (Jacques). — Rivière d'Armance. — Saint-Joseph.	17	Vigier (Philippe) — Ruisseau de Louvie. — Commune de Saint-Marc.	B
				C
				D
				E
	ANNÉE 1882.			
			ANNÉE 1882.	
				R
				S
				T
				V

Modèle n° 5 *quater*. — Art. 4 et 8 de l'Instruction.

H.

AFFAIRES DU SERVICE HYDRAULIQUE.

RÉPERTOIRE

DE L'INGÉNIEUR $\left\{\begin{array}{l} \textit{en chef.} \\ \textit{ordinaire.} \end{array}\right.$

DU 1ᵉʳ JANVIER   AU 31 DÉCEMBRE

NUMÉROS DU REGISTRE D'ORDRE.		TABLE ALPHABÉTIQUE.	NUMÉROS DU REGISTRE D'ORDRE.		TABLE ALPHABÉTIQUE.
1re partie.	2e partie.		1re partie.	2e partie.	
		ANNÉE 1881.			ANNÉE 1881.
124	"	Amand (Léon). — Bassin de l'Armance. — Rivière de Galonne. — Commune de Saint-Julien.			
		ANNÉE 1882.			ANNÉE 1882.

NUMÉROS DU REGISTRE D'ORDRE.		TABLE ALPHABÉTIQUE.	NUMÉROS DU REGISTRE D'ORDRE.		TABLE ALPHABÉTIQUE.
1re partie.	2e partie.		1re partie.	2e partie.	
		ANNÉE 1881.			*ANNÉE 1881.*
			122	31	*Vincent (Louis-Jérôme). — Rivière d'Armance. — Commune de Saint-Joseph.*
		ANNÉE 1882.			*ANNÉE 1882.*

A
C
D
.
.
.
.
R
S
T
U
V
X, Y, Z

NUMÉROS DU REGISTRE D'ORDRE.		CURAGE.	NUMÉROS DU REGISTRE D'ORDRE.		POLICE DES COURS D'EAU.
1re partie.	2e partie.	BASSIN DE L'ARMANCE.	1re partie.	2e partie.	BASSIN DE L'ARMANCE.
		ANNÉE 1881.			ANNÉE 1881.
123	"	Ruisseau de Louvie. — Commune de Ribes. — Divers propriétaires riverains.	121	"	Rivière de Calonne. — Commune de Saint-Julien. — Amand (Léon).
		ANNÉE 1882.			ANNÉE 1882.

NUMÉROS DU REGISTRE D'ORDRE.		ASSOCIATIONS SYNDICALES, DESSÉCHEMENTS, IRRIGATIONS, ENDIGUEMENTS, DRAINAGE, PÊCHE ET OBJETS DIVERS.	NUMÉROS DU REGISTRE D'ORDRE.		USINES ET PRISES D'EAU.
1re partie.	2e partie.	*BASSIN DE L'ARMANCE.*	1re partie.	2e partie.	*BASSIN DE L'ARMANCE.*
		ANNÉE 1881.			*ANNÉE 1881.*
211	//	Drainage Bernard, à Omonville.	122	31	Rivière d'Armance, commune de Saint-Joseph. — Usine Vincent.
250	//	Police de la pêche sur les cours d'eau non navigables. — Projet d'arrêté.	180	37	Rivière de Calonne, commune de Henly. — Usine Cérisy.
		ANNÉE 1882.			*ANNÉE 1882.*

Bassin
de
l'Armance.

Bassin
de
. . . .

Bassin
de
. . . .

PONTS ET CHAUSSÉES.

DÉPARTEMENT

d

ARRONDISSEMENT

d

Modèle n° 6. — Art. 5 et 13 de l'Instruction.

Service de l'ingénieur $\left\{\begin{array}{l}\textit{en chef.}\\\textit{ordinaire.}\end{array}\right.$

PERSONNEL.

REGISTRE MATRICULE

DES INGÉNIEURS, CONDUCTEURS ET AGENTS.

Le présent registre, contenant   feuillets parafés par premier

et dernier, a été $\left\{\begin{array}{l}\textit{ouvert}\\\textit{remis}\end{array}\right\}$ le   18 $\left\{\begin{array}{l}\textit{à M.}\end{array}\right.$

ingénieur ordinaire.

L'Ingénieur en chef,

Format 0ᵐ,21 sur 0ᵐ,31.

Page n° *14*.

M. *N* ....(*Pierre-Alexis*).

né le   *1841* à   , département

Célibataire. — *Marié le 21 juin 1876.*

Nombre d'enfants *en 1881. 1.*

Attaché au service d   le   18

Résidence

<table>
<tr><td rowspan="8">ÉPOQUE DE LA NOMINATION À CHAQUE GRADE.</td><td colspan="2">Élève des ponts et chaussées .... le 20 novembre 1862.</td></tr>
<tr><td rowspan="3">Ingénieur ordinaire de</td><td>3e classe .... le 5 mai .... 1865.</td></tr>
<tr><td>2e classe .... le 8 avril ... 1869.</td></tr>
<tr><td>1re classe .... le 11 décembre. 1879.</td></tr>
<tr><td colspan="2">Chevalier de la Légion d'honneur .... le 29 avril ... 1879.</td></tr>
<tr><td rowspan="2">Ingénieur en chef de</td><td>2e classe ....</td></tr>
<tr><td>1re classe ....</td></tr>
</table>

SERVICES MILITAIRES OU CIVILS ÉTRANGERS À L'ADMINISTRATION DES PONTS ET CHAUSSÉES.

a quitté le service de l'arrondissement le

INDICATION de l'année.	INDICATION SOMMAIRE DES SERVICES.	OBSERVATIONS.
1	2	3
1880	Service ordinaire de l'arrondissement. — Reconstruction du pont d	
1881	Service ordinaire de l'arrondissement. — Contrôle du chemin de fer d (décision du 25 avril). — Études du chemin de fer d (décision du 4 août).	

Page n° 58.

M. P.   (*Etienne-Louis-Marie*),

né le   . 1833 à   , département d

Célibataire.

Nombre d'enfants :

Attaché au service d   le   18

Résidence :

ÉPOQUE DE LA NOMINATION À CHAQUE GRADE.		
Employé secondaire de	2ᵉ classe	le 14 juin... 1852,
	1ʳᵉ classe	le 2 janvier.. 1854,
Conducteur auxiliaire		le 7 janvier... 1857,
Conducteur embrigadé de	4ᵉ classe	le 15 mars... 1860,
	3ᵉ classe	le 8 janvier.. 1865,
	2ᵉ classe	le 1ᵉʳ mars ... 1869,
	1ʳᵉ classe	le 3 janvier.. 1872,
Conducteur principal		

SERVICES MILITAIRES OU CIVILS ÉTRANGERS À L'ADMINISTRATION DES PONTS ET CHAUSSÉES.

a quitté le service de l'arrondissement le

PONTS ET CHAUSSÉES.

DÉPARTEMENT

d

A   , le   18

MODÈLE N° 7. — Art. 6 de l'Instruction.

PERSONNEL.

EXTRAIT DU REGISTRE MATRICULE

DES INGÉNIEURS, CONDUCTEURS ET AGENTS.

M.

Page nº 58.

M. P   (Étienne-Louis-Marie),

né le   1833 à   , département d

Célibataire

Nombre d'enfants :

Attaché au service d   le   18

Résidence :

ÉPOQUE DE LA NOMINATION À CHAQUE GRADE.	*Employé secondaire de*	*2e classe*	le 14 juin. . . . 1852.
		1re classe	le 2 janvier. . 1854.
	Conducteur auxiliaire		le 7 janvier. . 1857.
	Conducteur embrigadé de	*4e classe*	le 15 mars. . . . 1860.
		3e classe	le 8 janvier. , 1865.
		2e classe	le 1er mars . . . 1869.
		1re classe	le 3 janvier. . 1872.
	Conducteur principal		

SERVICES MILITAIRES OU CIVILS ÉTRANGERS À L'ADMINISTRATION DES PONTS ET CHAUSSÉES.

a quitté le service de l'arrondissement le

INDICATION de l'année.	INDICATION SOMMAIRE DES SERVICES.	OBSERVATIONS.
1	2	3
1880.	*Surveillance des routes nationales n^{os} et départementales n^{os}*	
1881.	*Surveillance des mêmes routes. — Surveillance des travaux de reconstruction du pont de*	*Gratification de 150 francs.*

Pour extrait certifié conforme :

L'Ingénieur en chef des ponts et chaussées,

Modèle n° 8. — Art. 7 et 14 de l'Instruction.

REGISTRE DES TOURNÉES

DE L'INGÉNIEUR $\begin{cases} \textit{en chef.} \\ \textit{ordinaire.} \end{cases}$

M.   Ingénieur $\begin{cases} \textit{en chef.} \\ \textit{ordinaire.} \end{cases}$

Du   18   au   18 .

M.   Ingénieur $\begin{cases} \textit{en chef.} \\ \textit{ordinaire.} \end{cases}$

Du   18   au   18 .

Format 0ᵐ,21 sur 0ᵐ,31.

8..

Le présent registre, contenant   feuillets parafés

par premier et dernier, a été { *ouvert* / *remis* } le   18   à M.

Ingénieur ordinaire.

L'Ingénieur en chef,

  TOURNÉES de l'Ingénieur { *en chef.* / *ordinaire.* Feuillet n°

DATES.	DÉSIGNATION DES ROUTES, RIVIÈRES, ETC., VISITÉES.	NOMBRE DE KILOMÈTRES parcourus		OBSERVATIONS.
		par voie ferrée.	par toute autre voie.	
1	2	3	4	5
	ANNÉE 1881.			
	Totaux............	″	″	
	ANNÉE 1882.			

Année 18 .   Tournées de l'Ingénieur { *en chef.* / *ordinaire.*

DATES.	DÉSIGNATION DES ROUTES, RIVIÈRES, ETC., VISITÉES.	NOMBRE DE KILOMÈTRES parcourus		OBSERVATIONS.
		par voie ferrée.	par toute autre voie.	
1	2	3	4	5

MINISTÈRE
DES
TRAVAUX PUBLICS.

Modèle n° 9. — Art. 7 et 14 de l'Instruction.

ANNÉE 18   .

PERSONNEL.

NOTES
SIGNALÉTIQUES.

DÉPARTEMENT

d

SERVICE

M. (¹)

Né à   *, le*

(Grade et résidence)

Traitement de   *fr. imputé sur les fonds*

SERVICES DANS L'ADMINISTRATION.
(Date de la nomination à chaque grade.)

SERVICES ÉTRANGERS
(militaires ou civils).

Position de famille et de fortune. . . . .
(Célibataire, veuf ou marié; date du mariage; nombre, sexe, âge et position des enfants.)

Constitution et santé. . . . .

Instruction
{ littéraire et scientifique. . . . .
(Connaît-il des langues étrangères?)
technique et administrative. . . . .

Aptitude spéciale. . . . .

Éducation. . . . .

Caractère. . . . .

Exactitude et régularité dans le service. . . . .
(Se livre-t-il à des occupations étrangères?)

Zèle et activité. . . . .

Tenue. . . . .

Conduite privée. . . . .

Rapports
{ avec les supérieurs. . . . .
avec les subordonnés. . . . .
avec les autorités. . . . .
avec le public. . . . .

Indication
sommaire
des services
pendant
l'année
(relevée
sur le registre
matricule).

(¹) Souligner le prénom par lequel le fonctionnaire est désigné dans sa famille; s'il porte plusieurs noms, souligner également celui qui est habituellement donné.

(Ingénieurs des Ponts et Chaussées et des Mines.)

Format 0ᵐ.21 sur 0ᵐ.34.

OBSERVATIONS PARTICULIÈRES ET PROPOSITIONS (1)

DE L'INGÉNIEUR EN CHEF.	DE L'INSPECTEUR GÉNÉRAL.

(1) Indépendamment des renseignements divers qui ne pourraient trouver place dans le cadre ci-contre, indiquer ici tous les faits particuliers susceptibles d'appeler l'attention de l'Administration.

MINISTÈRE
DES
TRAVAUX PUBLICS.

DÉPARTEMENT
d

SERVICE

MODÈLE N° 9 *bis*. — Art. 7 et 14 de l'Instruction.

M. (1)

Né à   *, e*
(Grade et résidence)

Traitement de   *fr. imputé sur les fonds*

ANNÉE 18

PERSONNEL.

NOTES
SIGNALÉTIQUES.

SERVICES DANS L'ADMINISTRATION.
(Date de la nomination à chaque grade.)

SERVICES ÉTRANGERS
(militaires ou civils).

Position de famille ou de fortune................
(Célibataire, veuf ou marié; date du mariage; nombre, sexe, âge et position des enfants.)

Constitution et santé.........................

Instruction
  littéraire et scientifique..........
    (Connaît-il les langues étrangères?)
  technique et administrative........

Aptitude spéciale
  pour les travaux de bureau........
    (Écritures, dessins, comptabilité, rédaction de projets.)
  pour les opérations sur le terrain....
  pour la conduite des travaux et la surveillance des ateliers..........

Éducation....................

Caractère....................

Exactitude et régularité dans le service............
(Se livre-t-il à des occupations étrangères?)

Zèle et activité....................

Tenue....................

Conduite privée....................

Rapports
  avec les supérieurs............
  avec les subordonnés............
  avec les autorités............
  avec le public............

Indication sommaire des services pendant l'année (relevée sur le registre matricule).

(1) Souligner le prénom par lequel le fonctionnaire est désigné dans sa famille; s'il porte plusieurs noms, souligner également celui qui est habituellement donné.

(Conducteurs, Employés secondaires et Gardes-Mines.)
    Format 0^m,21 sur 0^m,31.

OBSERVATIONS PARTICULIÈRES ET PROPOSITIONS (1)

1° DE L'INGÉNIEUR ORDINAIRE.	DE L'INSPECTEUR GÉNÉRAL.

2° DE L'INGÉNIEUR EN CHEF.

(1) Indépendamment des renseignements divers qui ne pourraient trouver place dans le cadre ci-contre, indiquer ici tous les faits particuliers susceptibles d'appeler l'attention de l'Administration. Faire connaître, pour les Conducteurs, s'ils ont rendu quelque service exceptionnel, s'ils ont de l'avenir et s'ils pourraient, au besoin, faire fonctions d'Ingénieur ordinaire.

Modèle nº 10. — Article 8 de l'Instruction.

A.

AFFAIRES DIVERSES.

REGISTRE D'ORDRE

DE L'INGÉNIEUR ORDINAIRE.

Format 0ᵐ,32 sur 0ᵐ,49.

Année 1851. Affaires diverses.

Numéros d'ordre des registres de l'ingénieur ordinaire. 1	de l'ingénieur en chef. 2	DATE du commencement / TRIMESTRE. 3	DÉSIGNATION SOMMAIRE DE L'AFFAIRE. 4	DATE ET ANALYSE DES LETTRES, RAPPORTS OU PÉTITIONS. 5	DATE DE LA DEMANDE de rapport ou de renseignements. NOM du conducteur. 6	DATE de la rentrée de l'affaire ou de la réception des renseignements. 7	DATE ET ANALYSE DES LETTRES OU RAPPORTS DE L'INGÉNIEUR ORDINAIRE. 8	DATE ET ANALYSE DES DÉCISIONS. (On indiquera les dates d'envoi et de retour des pièces.) 9	OBSERVATIONS. 10
121	315	4 février.	Routes départementales. Travaux d'entretien. Route n° 17. Mauvais état de la route entre C.... et D....	3 février. — L'ingénieur en chef signale le mauvais état de la route qu'il vient de parcourir, notamment entre C..... et D..... Il prescrit d'y faire des réparations et indique les mesures à prendre.	5 février. M. V....		5 février. — Adresse des instructions à M. V.... pour l'exécution des ordres de l'ingénieur en chef. — Annonce sa visite pour le 7 février.		
122	»	4 février.	Rivières. Chemins de halage. Marne. Chemin de halage du Guidoau. Études.	4 février. — L'ingénieur adresse à M. X.... des instructions pour l'étude des travaux à faire pour l'amélioration du chemin de halage au passage de Guidoau.	4 février. M. X....				
123	»	5 février.	Routes nationales. Travaux neufs et de grosses réparations. Route n° 195.	5 février. — Rapport de l'ingénieur ordinaire sur la nécessité de restaurer la route dans la section de.... à.....					
124									
125	311	6 février.	Routes nationales. Travaux neufs et de grosses réparations. Route n° 192. Traverse de Kenaint.	25 janvier 1851. — M. Germain se plaint des dommages que causent à sa propriété les eaux de la route, qui y sont rejetés par suite des changements apportés dans les dispositions de la chaussée.	15 février. M. V....	17 février.	18 février. — Aucune modification n'a été apportée à l'écoulement des eaux. M. Germain a gagné à l'exécution des travaux; proposition de rejeter la réclamation.	1er mars. — Arrêté du préfet qui rejette la réclamation. Reçu communication le 6 mars. — Renvoyé le 7.	Classé aux archives, section 5 (routes nationales), chapitre 31 (travaux neufs et de grosses réparations), dossier n° (route nationale n° 192), liasse n° (amélioration de la traverse de Kenaint).
126	317	6 février.	Personnel. Conducteurs.	1er février. — Circulaire ministérielle relative aux frais de déplacement des conducteurs.	7 février. M. V...., cond. 9 février. M. X...., cond. 14 février. M. V...., cond.	8 février. 12 février. 16 février.			Classé aux archives, section 4 (personnel), chapitre 11 (conducteurs), dossier n° (frais de déplacements.)
127									
128									
129									
130									

Modèle n° 11. — Article 8 de l'Instruction.

V.

AFFAIRES DE VOIRIE.

REGISTRE D'ORDRE

DE L'INGÉNIEUR ORDINAIRE.

Format 0^m,32 sur 0^m,49.

Année 1881.   Affaires de Voirie.   Registre d'ordre de l'ingénieur ordinaire.

Numéros d'ordre de l'ingénieur ordinaire.	de l'ingénieur en chef.	Date du dernier timbre.	Désignation de la route, rivière, etc., et de la nature ou de la commune.	Nom du pétitionnaire.	Date et analyse des pétitions.	Indication du fonctionnaire qui a fait la communication.	Date de l'envoi au pétitionnaire — Nom du récépissé.	Date du dernier par le pétitionnaire.	Date et analyse du rapport de l'ingénieur ordinaire.	Date et analyse des décisions. (On indiquera les dates d'envoi et de retour des plans.)	Récolement. Date du procès-verbal.	Date de l'envoi du procès-verbal à l'ingénieur en chef.	Observations.
1	2	3	4	5	6	7	8	9	10	11	12	13	14
61	112	4 février.	Rivière de Seine. — Marcilly.	M. Daubenton (Jean-Louis).	27 janvier. — Demande, 1° à réparer la façade de sa maison; 2° à établir un aqueduc sous le chemin de halage pour rejeter les eaux de sa cour dans la rivière.	»	4 février. — M. V.	8 février.	12 février. — 1° Façade sur l'alignement. — Accorder; 2° Établir un aqueduc de 0m,30 de largeur sur 0m,60 de hauteur sous clef.	23 février. — L'arrêté, conforme aux propositions de l'ingénieur en chef, porte à 0m,50 et à 0m,70 les dimensions de l'aqueduc. Reçu communication, le 27 février. — Renvoyé le 6 mai 1881.	3 mai 1881.	6 mai.	
62	»	4 février.	Route nationale n° 8. — Traversée de Marnaing.	M. Gaudin (Joseph).	1er février. — Demande l'alignement pour reconstruire sa maison, située rue du Midi, n° 27.	M. le sous-préfet de .	4 février. — M. K.	7 février.	9 février. — Plan approuvé. Fixer l'alignement ainsi que les conditions d'établissement d'un trottoir. Le sieur Gaudin réunit à sa propriété 15m,22 superficiels de terrain à 0 fr. 50, soit 7 fr. 61.	12 février. — Arrêté du sous-préfet. Conforme. 15 février. — Reçu l'arrêté.	12 novembre 1881.	»	Le 15 novembre, adresse le procès-verbal de récolement au sous-préfet.
63	114	5 février.	Route départementale n° 5. — Au tourne-bride. — Commune de Mâcon.	M. Veronaur (Philippe-Antoine).	21 janvier. — Demande, 1° à reconstruire sa maison; 2° à établir un embattoir sur la route.	»	5 février. — M. P.	12 février.	18 février. — Proposition : 1° fixer l'alignement à mètre à 10 mètres de l'axe de la route. — 2° Refuser l'autorisation d'établir un embattoir. Acquisition par l'État de 122 mètres à 0 fr. 50, soit 61 francs.	26 février. — Arrêté préfectoral. — Conforme. 8 mars. — Reçu communication. 15 septembre 1881. — Acte de vente. 22 septembre 1881. — Certificat pour payement.	11 juillet 1881.	14 juillet.	
64													
65													
66													
67													
68													
69													
70													

Modèle n° 12 — Art. 8 de l'Instruction.

C.

CONTRAVENTIONS ET DÉLITS.

REGISTRE D'ORDRE

DE L'INGÉNIEUR ORDINAIRE.

NUMÉROS D'ORDRE (de l'ingénieur ordinaire)	NUMÉROS D'ORDRE (de l'ingénieur en chef)	DATE de l'enregistrement	DATE du procès-verbal	NOMS et profession des délinquants	NOMS et qualités des agents qui ont verbalisé	DÉSIGNATION de la route, rivière, etc., et de la commune où le délit a été commis	NATURE DES DÉLITS	DATE de la notification. — Désignation du fonctionnaire à qui les procès-verbaux sont adressés	INSTRUCTION RELATIVE AUX MOYENS DE DÉFENSE — DATE de l'arrivée	Date et analyse du rapport	AUTORITÉS qui ont statué	DATE ET ANALYSE des décisions (On indiquera les dates d'envoi et du retour des pièces.)	DATE de l'adjudication	PARTS D'AMENDES attribuées aux agents — Montant	PARTS D'AMENDES attribuées aux agents — Date des recouvrements	OBSERVATIONS
1.																
2.																
3.																
4.																
5.	12.	4 février.	1er février.	M. Vaudour (Louis) propriétaire.	M. F... chef cantonnier.	Route départementale n° 17. — Traverse de Saint-Nicolas.	A réparé la façade de sa maison en saillie sur l'alignement.	4 février. — A l'ingénieur en chef.	26 février.	1er mars. — Rapport concluant à la démolition de.... et à une amende de 25 francs.	Conseil de préfecture.	5 avril 1881. — Démolition de.... Amende de 16 francs. Reçu : 16 avril. Renvoi : 20 avril.	15 juin.	5f 33	1er août.	
6.	15.	3 février.	3 février.	M. Vacant (Nicolas) maître maçon.	M. O... employé secondaire des ponts et chaussées.	Route nationale n° 192. — Traverse de Morlat.	Dépôt de moellons sur l'accotement et une partie de la chaussée.	8 février. — Au sous-préfet d........	1er mars.	5 mars. — Rapport concluant à une amende de 16 francs.	Conseil de préfecture.	28 avril 1881. — Décision conforme. Reçu : 10 mai. Renvoi : 11 mai.	15 mai.	5f 33	1er août.	Demande un arrêté pour faire enlever le dépôt d'urgence. 8 février. Avis à l'ingénieur en chef.
7.	16.	18 février.	16 février.	M. Villon (Jacques).	M. L... garde-pêche.	Rivière d'Avroance. — Commune de Saint-Joseph.	Pêche en temps prohibé.	19 février. — Procureur de la République de......	»	»	Tribunal correctionnel de.....	1er juillet 1881. Amende de 30 francs. Reçu : 11 juillet. Renvoi : 11 juillet.	8 août.	10f 96	31 août.	19 février. Bulletin d'avis à l'ingénieur en chef.
8.	17.	21 février.	19 février.	M. Pégier (Philippe) propriétaire.	M. P... garde-rivière.	Ruisseau de Louvie. — Commune de Saint-More.	Coupure de la berge droite et prise d'eau sans autorisation.	22 février. — Commissaire de police de......	»	22 février. — Conclut à une amende de 15 francs et au rétablissement des lieux.	Tribunal de simple police de.....	15 juin 1881. Amende de 10 francs. Pas de décision au sujet du rétablissement des lieux. Reçu : 1er juillet. Renvoi : 3 juillet.	»	»	»	22 février. Avis à l'ingénieur en chef. (Voir pour la suite le n° .)
9.																
10.																

A   , le   18 .

MODÈLE N° 13. — Art. 8 de l'Instruction.

—

CONTRAVENTIONS.

—

BULLETIN D'AVIS A L'INGÉNIEUR EN CHEF.

—

L'Ingénieur ordinaire soussigné a l'honneur d'informer M. l'Ingénieur en chef que, le   18 , il a été dressé contre
      par   des
ponts et chaussées,
un procès-verbal de contravention à la police
pour avoir

sur la route (rivière, canal, etc.) de...
dans la commune d......
et que, par le courrier du jour, il adresse ce procès-verbal à
      à l'effet d

      L'Ingénieur ordinaire,

A M. l'Ingénieur en chef *du département d*

Format 0ᵐ,21 sur 0ᵐ,31.

Modèle n° 14. — Art. 8 de l'Instruction.

H (1re PARTIE).

AFFAIRES DU SERVICE HYDRAULIQUE.

REGISTRE D'ORDRE

DE L'INGÉNIEUR ORDINAIRE.

Format 0^m,32 sur 0^m,49.

NUMÉROS D'ORDRE des REGISTRES — de l'Ingénieur ordinaire. (1)	de l'Ingénieur en chef. (2)	DATE de l'enregistrement. (3)	DÉSIGNATION sommaire de l'affaire, du cours d'eau et de la commune. (4)	NOM du pétitionnaire. (5)	DATE ET ANALYSE des pétitions. (6)	INDICATION du sous-agent qui a fait la communication. (7)	DATE de l'envoi au conducteur. — NOM du conducteur. (8)	DATE de la lettre par le conducteur. (9)	DATE ET ANALYSE du rapport de l'ingénieur ordinaire. (10)	DATE ET ANALYSE des décisions. (On indique les dates d'envoi et de retour des pièces.) (11)	RÈGLEMENT. Date du recouvrement. (12)	Date de l'envoi du procès-verbal à l'Ing.r en chef. (13)	OBSERVATIONS. (14)
51.	121.	2 mars.	Police des cours d'eau. Bassin de l'Arnanev. — Rivière de Catonne. Commune de Saint-Julien.	M. Amaud (Léon).	26 février. — Se propose d'établir un pont pour conduire de la route départementale n° 3 à sa fabrique.	"	6 mars. — M. P......	16 mars.	17 mars. — Propose de ne pas s'opposer, sous les conditions suivantes : Cuite droite dans l'alignement de la berge régularisée ; Débouché linéaire. — 5 mètres. Débouché superficiel. — 12 m. q.	31 mars 1881. — Arrêté conforme. Reçu communication le 4 avril. Renvoyé le 6 avril.	5 juillet.	10 juillet.	
52.	122.	3 mars.	Usines. Rivière d'Arnance. — Commune de Saint-Joseph.	M. Vincent, (Louis-Jérôme).	20 février. — Demande l'autorisation de modifier le déversoir et les vannes de décharge de son moulin.	"	6 mars. — M. X.....	8 mars.	15 mars. — Propose d'autoriser la révision du règlement de cette usine, remontant au 3 février 1853. Reçu communication le 6 avril. Renvoyé le 7 avril.	31 mars. — Décision ministérielle autorisant la révision.	"	"	(Voir la suite à la 2e partie de ce registre, n° 11.)
53.	123.	5 mars.	Curage. Bassin de l'Arnance. — Ruisseau de Loupte. Commune de Ribes.	Plusieurs propriétaires riverains.	28 février. — Réclamation tendant à obtenir le curage sur toute l'étendue de la commune, en aval du pont de Ribes.	"	6 mars. — M. Y......	16 mars.	20 mars. — La réclamation est reconnue fondée. Projet d'un arrêté préfectoral ordonnant le curage par application des art. 1er, 3 et 4 de la loi du 14 floréal an XI.	1er avril. — Arrêté préfectoral. Reçu communication le 7 avril. Renvoyé le 9 avril, après copie.	15 septembre 1881.	1er octobre 1881.	Classé aux archives, section 11, (service hydraulique), chapitre 109 (curage), dossier n° (bassin de l'Arnance).
54.													
55.													
56.													
57.													
58.													
59.													
60.													

Modèle n° 14 *bis*. — Art. 8 de l'Instruction.

H (2ᵉ PARTIE).

USINES ET PRISES D'EAU D'IRRIGATION.

REGISTRE D'ORDRE.

DE L'INGÉNIEUR ORDINAIRE.

Format 0ᵐ,32 sur 0ᵐ,49.

Affaires d'usines et de prises d'eau d'irrigation.

NUMÉROS d'ordre de l'ingénieur ordinaire.	de l'ingénieur en chef.	DATE de l'enregistrement.	DÉSIGNATION du cours d'eau et de la commune.	NOM du pétitionnaire.	DATE ET ANALYSE de la pétition.	DATE de l'ouverture de la 1re enquête.	DATE de la visite des lieux.	DATE ET ANALYSE du rapport.	DATE de l'ouverture de la 2e enquête.	INSTRUCTION APRÈS LA 2e ENQUÊTE. DATE de la remise de l'affaire.	DATE ET ANALYSE du rapport.	DATE ET ANALYSE de la décision. (On indiquera les dates d'envoi et de retour des pièces.)	RÉCOLEMENT. DATE du procès-verbal.	DATE de l'envoi à l'ingénieur en chef.	OBSERVATIONS.
1	2	3	4	5	6	7	8	9	10	11	12	13	14	15	16
11	31	25 mai.	L'Armance, commune de Saint-Joseph.	M. Vincent (Louis-Jérôme).	26 février 1881. — Demande l'autorisation de modifier le déversoir et les vannes de décharge de son moulin.	3 mai 1881.	29 juin 1881.	3 juillet 1881. — Propose d'accorder l'autorisation et de régler l'usine.	11 août 1881.	5 octobre 1881.	27 octobre 1881. — Combat les observations de quelques riverains. Maintient ses propositions primitives.	4 novembre 1881. — Arrêté conforme du préfet. 16 novembre. — Reçu communication.	6 octobre 1882.	15 octobre 1882.	Voir 1re partie, n° 52. (Voir pour la suite de l'affaire le n° 117.)
12															
13															
14															
15															

                                                                 PONTS ET CHAUSSÉES.

NUMÉROS D'ORDRE du registre.	DÉSIGNATION des ENTREPRISES.	ORDRES DE SERVICE.	NOM DE L'AGENT qui a notifié et DATE DE LA NOTIFICATION.
1	2	3	4
81.	Route nationale n° 185. —— Amélioration entre A......... et B............ —— M. N........... page 202.	**15 juin.** M. N... est invité à Commencer lundi prochain les déblais sur l'accotement droit de la route, dans la traverse de V............. Faire transporter les terres, etc....... Faire placer des barrières, etc....... Éclairer pendant la nuit, etc....... A............., le 15 juin 1881. L'Ingénieur ordinaire,	Notification n° 81, du 17 juin, M. P........... conducteur.
82.	Rivière de S....?....... —— Construction d'un chemin de halage. —— M. R........... page 209.	**19 juin.** M. R... est invité à Prendre toutes les dispositions pour commencer dans les premiers jours de juillet les maçonneries de l'aqueduc du ruisseau de....... Ne pas perdre de vue que, conformément au devis, les moellons doivent provenir de la carrière de S..........., et ne pas continuer à approvisionner de la pierre de la carrière de T......... A............., le 19 juin 1881. L'Ingénieur ordinaire,	Notification n° 82, du 21 juin, M. O........... conducteur.

Feuillet n°

NUMÉROS D'ORDRE du registre.	DÉSIGNATION des ENTREPRISES.	ORDRES DE SERVICE.	NOM DE L'AGENT qui a notifié et DATE DE LA NOTIFICATION.
1	2	3	4

Répertoire.

NUMÉRO du registre d'ordre.	Route nationale n° 185. Bail d'entretien de....... à....... M. A... entrepreneur.	NUMÉRO du registre d'ordre.	Route nationale n° 185. Amélioration entre A...... et B...... M. N... entrepreneur.	NUMÉRO du registre d'ordre.	Route nationale n° 185. Construction d'un pont à........... M. B... entrepreneur.	NUMÉRO du registre d'ordre.	
	Année 1881.		*Année 1881.*		*Année 1882.*		
76	19 février.	84	15 juin.	129	10 février.		
		96	12 septembre.				
	Année 1882.		*Année 1882.*				

PONTS ET CHAUSSEES.

DÉPARTEMENT
d

ARRONDISSEMENT
de M.

INGÉNIEUR ORDINAIRE.

Numéro d'ordre
du registre : } 81.

A   le 15 juin 1881.

MODÈLE N° 16. — Art. 9 de l'Instruction.

Route nationale n° 185.
Amélioration entre A. . . . . et B. . . . .

ORDRE DE SERVICE À L'ENTREPRENEUR.

M. *N*. . . . . est invité *à* :

Commencer lundi prochain les déblais sur l'accotement droit de la route, dans la traverse de V. . .

Faire transporter les terres, etc.. . . . .
Faire placer des barrières, etc.. . . . .
Éclairer pendant la nuit, etc.. . . . .

Le présent ordre de service, certifié conforme à la minute inscrite au registre sous le n° *81*, sera notifié à M. *N*. . . , demeurant à   par M. *P*. . . , conducteur des ponts et chaussées.

L'Ingénieur ordinaire,

PONTS ET CHAUSSÉES.

DÉPARTEMENT
d

ARRONDISSEMENT
de M.

INGÉNIEUR ORDINAIRE.

Numéro d'ordre
du registre : } 81.

NOTA. Ce bulletin de notification doit être détaché de l'ordre de service, et conservé dans le bureau de l'ingénieur ordinaire, après avoir été collé sur un registre à onglets.

Format 0^m,21 sur 0^m,31.

NOTIFICATION.

Le *dix-sept juin* mil huit cent *quatre-vingt-un*, le soussigné *P*. . . . . ,
conducteur, déclare s'être rendu à   au domicile { *de* / *élu par*
M. *N*. . . . . , *entrepreneur*, et avoir remis à
la copie certifiée conforme de l'ordre de service en date du
inscrit au registre sous le numéro d'ordre *81*.

Signé P. . .

PONTS ET CHAUSSÉES.

DÉPARTEMENT
d

ARRONDISSEMENT
d

MODÈLE N° 17. — Art. 11 de l'Instruction.

REGISTRE DES NIVELLEMENTS.

Le présent registre, contenant   feuillets parafés

par premier et dernier, a été remis le   18

à M.   , ingénieur ordinaire.

L'Ingénieur en chef,

Format 0ᵐ,21 sur 0ᵐ,31.

11..

Opérations..... { faites le   par M.
                { vérifiées le   par M.

INDICATION DES REPÈRES.	HAUTEURS RAPPORTÉES à un plan passant par	HAUTEURS RAPPORTÉES		OBSERVATIONS.
		AU PLAN de comparaison adopté dans la localité.	AU NIVELLEMENT général de la France.	
1	2	3	4	5

Route nationale nº   . — Partie comprise entre   et

DISTANCES entre LES POINTS.	INDICATION DES POINTS.	HAUTEURS RAPPORTÉES à un plan passant par	HAUTEURS RAPPORTÉES	
			AU PLAN de comparaison adopté dans la localité.	AU NIVELLEMENT général de la France.
1	2	3	4	5

Modèle n° 18 de l'Instruction du 28 juillet 1852.

—————

SUPPRIMÉ.

(Remplacé par le modèle n° 9 *bis*.)

PONTS ET CHAUSSÉES.

DÉPARTEMENT

d

ARRONDISSEMENT

d

NUMÉROS D'ORDRE
DES REGISTRES *A*

de l'ingénieur en chef.	de l'ingénieur ordinaire.

Modèle n° 19. — Art. 16 de l'Instruction.

BORDEREAU.

NUMÉROS d'ordre des pièces.	DATES DES PIÈCES.	DÉSIGNATION DES PIÈCES.	OBSERVATIONS.
1	2	3	4

Format 0ᵐ,21 sur 0ᵐ,34 (papier fort et non cassant).

NUMÉROS d'ordre des pièces.	DATES DES PIÈCES.	DÉSIGNATION DES PIÈCES.	OBSERVATIONS.
1	2	3	4

PONTS ET CHAUSSÉES.

DÉPARTEMENT

—

ARRONDISSEMENT

—

Nᵒˢ d'ordre des registres A

de l'ingénieur en chef.	de l'ingénieur ordinaire.

Modèle n° 19 *bis*. — Art. 16 de l'Instruction.

BORDEREAU GÉNÉRAL.

LETTRES des BORDEREAUX particuliers.	DÉSIGNATION DES BORDEREAUX PARTICULIERS.	OBSERVATIONS.
1	2	3
A.	*Avant-projet du*	*Approuvé par décision ministérielle du . . . . . .*
B.	*Projet définitif.*	
C.	*Projet définitif (variante).*	*Étude demandée par la décision du . . . . . .*
D.	*Documents statistiques.*	
E.	*Calculs de résistance et épures du pont métallique de X . . .*	

Format 0ᵐ,21 sur 0ᵐ,31 (papier fort et non cassant)

LETTRES des BORDEREAUX particuliers	DÉSIGNATION DES BORDEREAUX PARTICULIERS.	OBSERVATIONS.
1	2	3

A   , le   18

Modèle nº 20. — Art. 18 de l'Instruction.

ORDRE DE SERVICE.

ROUTE   Nº

M.   Pétitionnaire,

à

M.   fournira les renseignements, plans et profils nécessaires à l'instruction de l'affaire ci-jointe.

L'Ingénieur ordinaire,

Le   soussigné certifie ce qui suit :

A   , le   18 .

MODÈLE N° 21. — Art. 20 de l'Instruction.

RAPPORT DE L'INGÉNIEUR { *en chef.* *ordinaire.*

Format 0ᵐ,21 sur 0ᵐ,31.

PONTS ET CHAUSSÉES.

DÉPARTEMENT

d

ARRONDISSEMENT

d

Numéro d'ordre }
du registre *A*. }

A   , le   18   .

Modèle n° 22. — Art. 20 de l'Instruction.

L'Ingénieur { *en chef de*
{ *ordinaire de l'arrondissement d*

A Monsieur

M.

Petit et grand format de papier à lettre.

PONTS ET CHAUSSÉES.

DÉPARTEMENT

d

ARRONDISSEMENT

d

A   , le 10   18 .

Modèle n° 23. — Art. 22 de l'Instruction.

ÉTAT

Des affaires en retard dans le service de M.
ingénieur ordinaire, à la date du 10   18   .

M. l'Ingénieur ordinaire est invité à renvoyer le présent état dans le délai de cinq jours, après y avoir indiqué la situation et l'époque présumée de l'expédition de chaque affaire.
Les affaires n°ˢ

lui sont particulièrement recommandées.
M. l'Ingénieur ordinaire voudra bien, en outre, porter à la quatrième page de cet état les affaires de voirie et autres qui lui ont été adressées par d'autres personnes que l'ingénieur en chef avant la fin du mois dernier, et auxquelles il n'a pas encore répondu.

L'Ingénieur en chef,

NUMÉROS D'ORDRE du registre de l'ingénieur en chef.	OBJET.	DATE DE L'ENVOI à l'ingénieur ordinaire.	NUMÉROS des RAPPELS. (A)	SITUATION DES AFFAIRES ET ÉPOQUE PRÉSUMÉE DU RENVOI.
1	2	3	4	5

(A) On indiquera dans cette colonne, par les chiffres 1, 2, 3, si l'affaire est rappelée pour la 1ʳᵉ, la 2ᵉ, la 3ᵉ fois.

NUMÉROS D'ORDRE du registre de l'ingénieur en chef.	OBJET.	DATE DE L'ENVOI à l'ingénieur ordinaire.	NUMÉROS des RAPPELS.	SITUATION DES AFFAIRES ET ÉPOQUE PRÉSUMÉE DU RENVOI.
1	2	3	4	5

L'Ingénieur ordinaire soussigné certifie que, parmi les affaires qui lui ont été adressées ava[nt]
la fin du mois dernier par d'autres personnes que M. l'Ingénieur en chef, les seules auxquell[es]
il n'ait pas encore répondu sont indiquées dans le tableau suivant :

NUMÉROS D'ORDRE du registre de l'ingénieur ordinaire.	OBJET.	DATE DE L'ENVOI à l'ingénieur ordinaire.	SITUATION DES AFFAIRES ET ÉPOQUE PRÉSUMÉE DU RENVOI.
1	2	3	4

A   , le 15   18

NTS ET CHAUSSÉES.

DÉPARTEMENT

Modèle n° 24. — Art. 23 de l'Instruction.

Arrondissement de M. , Ingénieur ordinaire.

COMPTE RENDU DE LA MARCHE DES AFFAIRES.

INDICATION DES MOIS.	NOMBRES PORTÉS SUR LES FEUILLES DE RAPPEL.								OBSERVATIONS.
	AFFAIRES DIVERSES.		AFFAIRES DE VOIRIE.		CONTRAVENTIONS.		AFFAIRES DU SERVICE HYDRAULIQUE.		
	État de l'ingénieur en chef. — Délai de	État de l'ingénieur ordinaire.	État de l'ingénieur en chef. — Délai de	État de l'ingénieur ordinaire.	État de l'ingénieur en chef. — Délai de	État de l'ingénieur ordinaire.	État de l'ingénieur en chef. — Délai de	État de l'ingénieur ordinaire.	
1	2	3	4	5	6	7	8	9	10
Mai (1)									
Juin									
Juillet									
Août									
Septembre									
Octobre									
Novembre									
Décembre									
Janvier									
Février									
Mars									
Avril									
Totaux	120	57							
Nombre total des affaires inscrites sur les registres pendant l'année	800	421							
Rapport du nombre des affaires en retard à celui des affaires inscrites	0,15	0,135							
	0,145								

OBSERVATIONS.

(1) On commencera par le mois d'août dans les services pour lesquels la tournée d'inspection ne commence qu'au mois d'août.

Format 0ᵐ,21 sur 0ᵐ,31.

PONTS
ET CHAUSSÉES.

DÉPARTEMENT

ARRONDISSEMENT

Modèle n° 25. — Art. 24 de l'Instruction.

CHEMISE DE LIASSE.

NUMÉROS D'ORDRE		DATES.	DÉSIGNATION DES PIÈCES.	OBSERVATIONS.
de la liasse.	du registre.			
1	2	3	4	5

Format 0^m,24 sur 0^m,31 (papier fort et non cassant).

13.

NUMÉROS D'ORDRE		DATES.	DÉSIGNATION DES PIÈCES.	OBSERVATIONS.
de la liasse.	du registre.			
1	2	3	4	5

PONTS ET CHAUSSÉES.

DÉPARTEMENT

ARRONDISSEMENT

Section de l'inventaire :
5me.

Chapitre de l'inventaire :
31ème.

Carton n° *12*.

Numéro du dossier : *134*.

MODÈLE N° 25 *bis*. — Art. 24 et 25 de l'Instruction.

CHEMISE DE DOSSIER.

NUMÉROS D'ORDRE		DATES.	DÉSIGNATION DES PIÈCES OU DES LIASSES.	OBSERVATIONS.
du dossier.	du registre.			
1	2	3	4	5

Format 0^m,21 sur 0^m,31 (*papier fort et non cassant*). 13.

NUMÉROS D'ORDRE		DATES.	DÉSIGNATION DES PIÈCES OU DES LIASSES.	OBSERVATIONS.
du dossier.	du registre.			
1	2	3	4	5

PONTS ET CHAUSSÉES.

DÉPARTEMENT

d

—

ARRONDISSEMENT

d

Modèle n° 26. — Art. 26 et 27 de l'Instruction.

—

INVENTAIRE.

—

1re Section.

—

ARCHIVES.

Le présent registre, contenant   feuillets

parafés par premier et dernier, a été... $\left\{\begin{array}{l} ouvert \\ remis \end{array}\right\}$ le   1 8 $\left\{\begin{array}{l} — \\ à\ M. \end{array}\right.$

Ingénieur ordinaire.

L'Ingénieur en chef,

Format 0^m,21 sur 0^m,31.

TABLE À SUIVRE

POUR LE CLASSEMENT ET L'INVENTAIRE DES ARCHIVES.

10ᵉ SECTION.

CANAUX ET RIVIÈRES CANALISÉES.

11ᵉ SECTION.

SERVICE HYDRAULIQUE.

Modèle n° 26. (*Suite.*)

NUMÉROS des CARTONS.	TITRES DES CARTONS. Indication des sections et chapitres de l'inventaire.	NUMÉROS D'ORDRE des dossiers.	INDICATION SOMMAIRE DES DOSSIERS CONTENUS dans chaque carton.	DATE de L'INSCRIPTION sur l'inventaire.	OBSERVATIONS.
1	2	3	4	5	6

NUMÉROS des CARTONS.	TITRES DES CARTONS. Indication des sections et chapitres de l'inventaire.	NUMÉROS D'ORDRE des dossiers.	INDICATION SOMMAIRE DES DOSSIERS CONTENUS dans chaque carton.	DATE de L'INSCRIPTION sur l'inventaire.	OBSERVATIONS.
1	2	3	4	5	6

Modèle n° 27. — Art. 2 de l'Instruction.

INVENTAIRE.

2ᵉ Section. — 1ʳᵉ Partie.

PAPIERS ET PLANS D'UN USAGE HABITUEL.

'Le présent registre, contenant   feuillets

parafés par premier et dernier, a été{ *ouvert* / *remis* } le   18   { — / à M.

Ingénieur ordinaire.

L'Ingénieur en chef,

NUMÉROS d'ordre	DATE de L'INSCRIPTION sur l'inventaire.	TITRES DES CARTONS.	INDICATION SOMMAIRE DES DOSSIERS contenus DANS CHAQUE CARTON.	OBSERVATIONS.
1	2	3	4	5
751.				

PONTS ET CHAUSSÉES.

DÉPARTEMENT

d

ARRONDISSEMENT

d

Modèle n° 28. — Art. 28 de l'Instruction.

INVENTAIRE.

2e Section. — 2° Partie.

LIVRES, CARTES ET PLANS.

Format 0^m,21 sur 0^m,31.

Numéros d'ordre.	DATE de l'inscription sur l'inventaire.	DÉSIGNATION des livres, cartes et plans.	DESCRIPTION SOMMAIRE, nombre de volumes, format, etc.	ORIGINE.	ÉPOQUE de l'entrée dans le service.	VALEUR PRIMITIVE.	OBSERVATIONS.
1	2	3	4	5	6	7	8
1191.							

PONTS ET CHAUSSÉES.

DÉPARTEMENT

d

ARRONDISSEMENT

d

MODÈLE N° 29. — Art. 28 de l'Instruction.

INVENTAIRE.

2ᵉ SECTION. — 3ᵉ PARTIE.

INSTRUMENTS.

Format 0ᵐ,21 sur 0ᵐ,31.

NUMÉROS D'ORDRE DE L'INVENTAIRE		DATE de L'INSCRIPTION sur l'inventaire.	LETTRE de la série.	NUMÉRO d'ordre une série d'instruments	DÉSIGNATION DES INSTRUMENTS	DESCRIPTION SOMMAIRE. CARACTÈRES DISTINCTIFS DES INSTRUMENTS et dimensions de leurs principales parties.	ORIGINE DES INSTRUMENTS.	ÉPOQUE de l'entrée dans le service.	VALEUR PRIMITIVE.	OBSERVATIONS.
du ministère des travaux publics. [1]	de l'arrondissement.									
2	2	3	4	5	6	7	8	9	10	11
	1351.	25 mars 1851.	A	1	Niveau à bulle d'air..............	Niveau d'Égault, construit par, etc.	Vient du dépôt de l'école des ponts et chaussées.	25 mars 1851.	200 fr.	N° 25 du journal des déplacements. (Numéro barré à la rentrée de l'objet, le 4 juin 1851. Voir modèles n° 32 et 33.)

PONTS ET CHAUSSÉES.

DÉPARTEMENT

—

ARRONDISSEMENT

MODÈLE N° 30. — Art. 28 de l'Instruction.

INVENTAIRE.

2ᵉ SECTION. — 4ᵉ PARTIE.

MOBILIER.

NUMÉROS d'ordre.	DATE de l'inscription sur l'inventaire.	DÉSIGNATION DES OBJETS.	DESCRIPTION SOMMAIRE.	ORIGINE.	ÉPOQUE de l'entrée dans le service.	VALEUR PRIMITIVE.	OBSERVATIONS.
1	2	3	4	5	6	7	8
1801.							

PONTS ET CHAUSSÉES.

DÉPARTEMENT

ARRONDISSEMENT

Modèle n°. 30 *bis*. — Art. 28 de l'Instruction.

INVENTAIRE.

2ᵉ Section. — 5ᵉ Partie.

OUTILS, MACHINES ET APPAREILS DE CONSTRUCTION
APPARTENANT À L'ÉTAT.

NUMÉROS d'inscription des machines sur l'inventaire du service. 1	LETTRE de la série. 2	Numéros d'ordre par série de machines. 3	DÉSIGNATION des OUTILS, MACHINES OU APPAREILS. 4	DESCRIPTION SOMMAIRE. CARACTÈRE DISTINCTIF DE LA MACHINE, POIDS TOTAL, DIMENSIONS DES PRINCIPALES PARTIES, TRAVAIL JOURNALIER, ETC. 5	ORIGINE des MACHINES. 6	ÉPOQUE de l'entrée dans le service. 7	VALEUR PRIMITIVE. 8	ESTIMATION de LA VALEUR actuelle (a). 9	LIEU de DÉPÔT. 10	OBSERVATIONS. 11
1901										

(a) D'après la dernière évaluation, dont on aura soin de relater la date.

PONTS ET CHAUSSÉES.

DÉPARTEMENT

d —

ARRONDISSEMENT

d

A , le 18

Modèle n° 31. — Art. 30 de l'Instruction.

Bulletin annuel $\left\{\begin{array}{l}\text{d'inscription}\\\text{de radiation}\end{array}\right\}$ sur l'inventaire de l'arrondissement.

L'Ingénieur ordinaire soussigné certifie que les articles portés dans le tableau suivant ont été $\left\{\begin{array}{l}\text{inscrits}\\\text{rayés}\end{array}\right\}$ sur son inventaire du 1er avril 18 au 31 mars 18 .

NUMÉROS d'ordre de l'inventaire.	DATES DE L'INSCRIPTION ou DE LA RADIATION sur l'inventaire.	INDICATION DES OBJETS.	NOMBRE de PIÈCES.	VALEUR D'ACHAT.	OBSERVATIONS.
1	2	3	4	5	6
		I° — OBJETS INSCRITS.			
		1re Section. — ARCHIVES.			
		Carton d....			
		2e Section. — 1re Partie.			
		II° — OBJETS RAYÉS.			
		1re Section. — ARCHIVES.			
		2e Section. — 5e Partie.			

Format 0m,21 sur 0m,31.

NUMÉROS d'ordre de l'inventaire.	DATES DE L'INSCRIPTION ou DE LA RADIATION sur l'inventaire.	INDICATION DES OBJETS.	NOMBRE de PIÈCES.	VALEUR D'ACHAT.	OBSERVATIONS.
1	2	3	4	5	6

L'Ingénieur ordinaire,

PONTS
ET CHAUSSÉES.

DÉPARTEMENT

—

ARRONDISSEMENT

Modèle n° 32. — Art. 32 de l'Instruction.

JOURNAL DES DÉPLACEMENTS

DES OBJETS PORTÉS SUR L'INVENTAIRE.

Le présent journal, contenant   feuillets parafés par premier et dernier, a été { ouvert / remis

le   18 { à M.   Ingénieur ordinaire.

L'Ingénieur en chef,

Format 0ᵐ,21 sur 0ᵐ31.

Année 1881.

NUMÉROS D'ORDRE		DÉSIGNATION DES OBJETS.	BULLETIN DE SORTIE.		PARTIE PRENANTE.		DATE		ÉTAT DES OBJETS		OBSERVATIONS.
du JOURNAL.	de L'INVENTAIRE.		NOM DU SIGNATAIRE.	DATE DU BULLETIN.	NOM.	QUALITÉ.	DE SORTIE.	DE RENTRÉE.	À LA SORTIE.	À LA RENTRÉE.	
1	2	3	4	5	6	7	8	9	10	11	12
25	1251	Niveau d'Égault, construit par...	M......	25 avril 1881.	P......	Conducteur.	26 avril.	4 juin.	Bon.	Bon.	

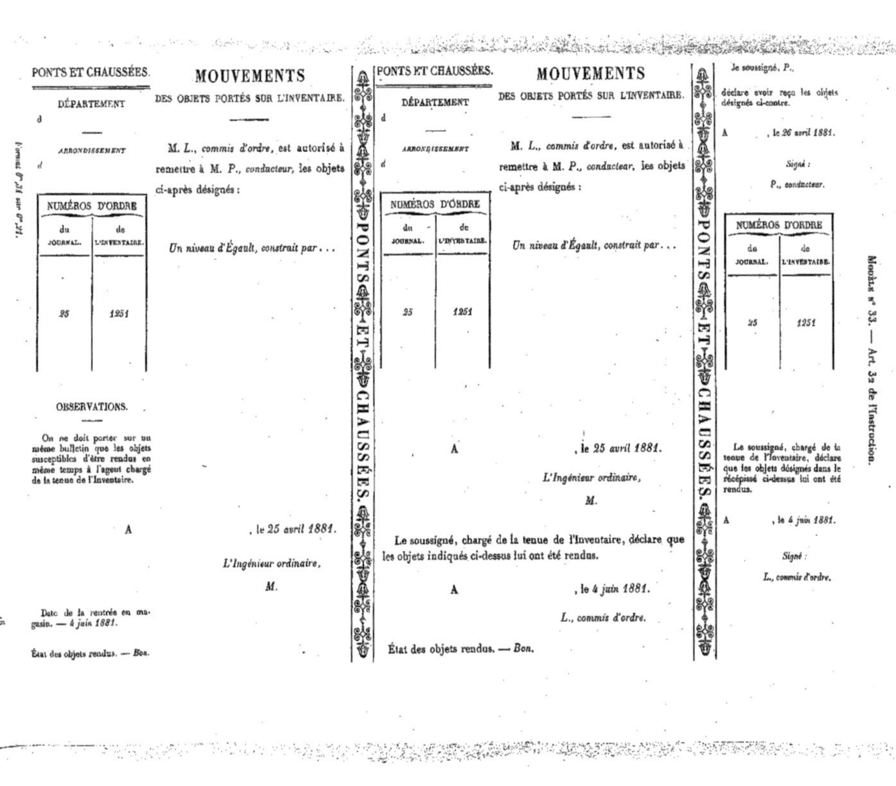

PONTS ET CHAUSSÉES.

DÉPARTEMENT

d

ARRONDISSEMENT

d

NUMÉROS D'ORDRE	
du JOURNAL.	de L'INVENTAIRE.
25	1251

OBSERVATIONS.

On ne doit porter sur un même bulletin que les objets susceptibles d'être rendus en même temps à l'agent chargé de la tenue de l'Inventaire.

A , le 25 avril 1881.

L'Ingénieur ordinaire,

M.

Date de la rentrée en magasin. — 4 juin 1881.

État des objets rendus. — Bon.

MOUVEMENTS

DES OBJETS PORTÉS SUR L'INVENTAIRE.

M. L., commis d'ordre, est autorisé à remettre à M. P., conducteur, les objets ci-après désignés :

Un niveau d'Égault, construit par . . .

A , le 25 avril 1881.

L'Ingénieur ordinaire,

M.

PONTS ET CHAUSSÉES.

DÉPARTEMENT

d

ARRONDISSEMENT

d

NUMÉROS D'ORDRE	
du JOURNAL.	de L'INVENTAIRE.
25	1251

MOUVEMENTS

DES OBJETS PORTÉS SUR L'INVENTAIRE.

M. L., commis d'ordre, est autorisé à remettre à M. P., conducteur, les objets ci-après désignés :

Un niveau d'Égault, construit par . . .

A , le 25 avril 1881.

L'Ingénieur ordinaire,

M.

Le soussigné, chargé de la tenue de l'Inventaire, déclare que les objets indiqués ci-dessus lui ont été rendus.

A , le 4 juin 1881.

L., commis d'ordre.

État des objets rendus. — Bon.

Je soussigné, P.,

déclare avoir reçu les objets désignés ci-contre.

A , le 26 avril 1881.

Signé :

P., conducteur.

NUMÉROS D'ORDRE	
du JOURNAL.	de L'INVENTAIRE.
25	1251

Le soussigné, chargé de la tenue de l'Inventaire, déclare que les objets désignés dans le récépissé ci-dessus lui ont été rendus.

A , le 4 juin 1881.

Signé :

L., commis d'ordre.

PONTS ET CHAUSSÉES.

DÉPARTEMENT

d

ARRONDISSEMENT

d

MODÈLE N° 34. — Art. 36 de l'Instruction.

JOURNAL

DES MOUVEMENTS DU MAGASIN.

Le présent journal, contenant   feuillets parafés par premier et dernier,

a été remis à M.   le   18   .

L'Ingénieur en chef,

Année *1881.*

NUMÉROS D'ORDRE		DÉSIGNATION DES OBJETS.	BULLETIN.		QUANTITÉS		OBSERVATIONS.
du journal.	du registre du magasin.		DATE.	NOM du signataire.	ENTRÉES.	SORTIES.	
1	2	3	4	5	6	7	8
		15 mars.					
209	32	Bois de chêne en grume.	14 mars.	M N..,	5^{mc},80	,	Provenant du chantier de M.
210	75	Fer en barres.	13 mars.	M. N...	"	29^{kil}	Pour la forge.
211	50	Bois de sapin équarri.	14 mars.	M. N...	"	2^{mc},10	Pour le batardeau.
		16 mars.					
212	32	Bois de chêne en grume.	15 mars.	M. N...	"	4^{mc},25	Idem.

PONTS ET CHAUSSÉES.

DÉPARTEMENT
d

ARRONDISSEMENT
d

Modèle n° 35. — Art. 36 de l'Instruction.

SITUATION

ET MOUVEMENTS DU MAGASIN.

1RE PARTIE.

NOMENCLATURE

DES MATIÈRES APPROVISIONNÉES.

Le présent registre, contenant   feuillets parafés
par premier et dernier, a été remis à M.
le   18

                            L'Ingénieur en chef,

Format 0ᵐ,21 sur 0ᵐ,31.

NUMÉROS D'ORDRE du registre du magasin.	NOMENCLATURE DES MATIÈRES.	PAGES du REGISTRE.
1	2	3
	BOIS DE CHÊNE.	
32	Bois en grume..	51
33	Planches de 0^m,027 d'épaisseur.	
34	Madriers de 0^m,081 d'épaisseur.	
	BOIS DE SAPIN.	
50	Bois équarri.	
51		
	MÉTAUX.	
75	Fer en barres.	
76	Fer forgé.	

PONTS ET CHAUSSÉES.

DÉPARTEMENT

d

ARRONDISSEMENT

d

Suite du Modèle n° 35. — Art. 36 de l'Instruction.

SITUATION

ET MOUVEMENTS DU MAGASIN.

2ᵉ PARTIE.

REGISTRE

DES COMPTES OUVERTS À CHAQUE ESPÈCE DE MATIÈRES.

N° 32 du registre. *Bois de chêne en grume à 60 francs le mètre cube.* Page 51.

NUMÉROS D'ORDRE du journal.	DATE DES ENTRÉES et des sorties.	ORIGINE ET DESTINATION.	QUANTITÉS		OBSERVATIONS.
			ENTRÉES.	SORTIES.	
1	2	3	4	5	6
	1881.	Le 1er janvier 1881, il reste en magasin............	20mc	ʺ	
209	15 mars.	Du chantier de M	5mc,80	ʺ	
212	16 mars.	Pour le batardeau,........................ ..	ʺ	4mc,25	

Format 0m,31 sur 0m,21.

N° 128.

TRAVAUX

ENTRÉES AU MAGASIN.

Ordre au garde-magasin d'emmagasiner les objets ci-après désignés :

5m,80 cubes de bois de chêne en grume en 22 morceaux, numérotés de 1 à 22 et portant la marque de l'Administration, fournis par M. M.....

Le *14 mars 1881.*

L'Ingénieur,

Signé N.

N° 128.

TRAVAUX

ENTRÉES AU MAGASIN.

Numéros d'ordre { du journal : *209.* / du registre de magasin : *32.*

Ordre au garde-magasin d'emmagasiner les objets ci-après désignés :

5m,80 cubes de bois de chêne en grume en 22 morceaux, numérotés de 1 à 22 et portant la marque de l'Administration, fournis par M. M.....

Le *14 mars 1881.*

L'Ingénieur,

Signé N.

TRAVAUX

ENTRÉES AU MAGASIN.

Numéro du journal : *209.*

Reçu de M. M..:..

les objets ci-après désignés :

5m,80 cubes de bois de chêne en grume en 22 morceaux.

Le *15 mars 1881.*

Le Garde-Magasin,

Signé Z...

Modèle n° 36. — Art. 37 de l'Instruction.

Format 0^m,31 sur 0^m,21.

Nᵒ

PONTS ET CHAUSSÉES.

Travaux d

SORTIES DU MAGASIN.

Ordre au Garde-Magasin de livrer les objets ci-après désignés :

A M. O, conducteur,

10 pièces de bois de chêne en grume, cubant ensemble 4^m,25.

Le *15 mars 1881.*

L'Ingénieur,

N.

PONTS ET CHAUSSÉES, DÉPARTEMENT

Nᵒ

PONTS ET CHAUSSÉES.

Travaux d

SORTIES DU MAGASIN.

Numéros d'ordre { du journal : *212.*
{ du registre du magasin : *32.*

Ordre au Garde-Magasin de livrer les objets ci-après désignés :

A M. O, conducteur,

10 pièces de bois de chêne en grume, cubant ensemble 4^m,25.

Le *15 mars 1881.*

L'Ingénieur.

N.

PONTS ET CHAUSSÉES, DÉPARTEMENT

PONTS ET CHAUSSÉES.

Travaux d

SORTIES DU MAGASIN.

Numéro du journal : *212.*

Reçu de M. *Z.*, *Garde-Magasin*, les objets ci-après désignés :

10 pièces de bois de chêne en grume, cubant ensemble 4^m,25.

Le *16 mars 1881.*

Le Conducteur,

O.

Modèle nᵒ 37. — Art. 37 de l'Instruction.

— 193 —

Nota. — Ce modèle devra être imprimé sur papier rose (instruction du 19 octobre 1876).

PONTS ET CHAUSSÉES.

DÉPARTEMENT
d

ARRONDISSEMENT
d

A   , le   18

Modèle n° 38. — Art. 39 de l'Instruction.

TRAVAUX.

ÉTAT de situation du magasin à la fin du   semestre
de l'année 18   .

NUMÉROS D'ORDRE du registre du magasin. 1	DÉSIGNATION DES OBJETS. 2	QUANTITÉS EXISTANT à la fin du dernier semestre. 3	QUANTITÉS ENTRÉES pendant le semestre. 4	TOTAL. 5	QUANTITÉS SORTIES pendant le semestre. 6	RESTE EN MAGASIN. 7	PRIX de L'UNITÉ. 8	SOMMES par ARTICLE. 9	SOMMES PAR SECTION du registre. 10	OBSERVATIONS. 11

Le présent état de situation dressé et certifié par le garde-magasin soussigné :

Vu et vérifié par l'Ingénieur ordinaire soussigné :

A   , le   18

A   , le   18

MODÈLE N° 39. — Art. 45 de l'Instruction.

PROCÈS-VERBAL de la visite faite par l'Ingénieur en chef dans les bureaux
de l'Ingénieur ordinaire.

SERVICE DE M.   INGÉNIEUR ORDINAIRE.

TENUE DU BUREAU.

Le   mil huit cent
Je soussigné, Ingénieur en chef *du département*
me suis rendu dans le bureau de M.   ingénieur ordinaire.

Je me suis fait représenter les registres dont la tenue est prescrite par l'instruction du   ; je les ai examinés et visés.

Faire connaître si :

Les différents registres sont tenus régulièrement ;.

Les répertoires sont à jour ;

Les ordres de service sont régulièrement notifiés ;

*Le registre des nivellements et l'atlas sont au courant (indiquer les dessins qu'il con-
viendrait de porter sur l'atlas) ;*

Le registre des tournées est au courant et tenu avec ordre ;

La quatrième page des feuilles de rappel est remplie avec exactitude ;

*Les dossiers sont tenus avec soin, les pièces classées et relatées sur le bordereau,
les minutes exactement conformes aux expéditions et lisibles dans toutes leurs parties ;*

L'inventaire est à jour ;

Les mouvements des objets appartenant à l'État sont exactement constatés ;

Les archives et les autres objets sont conservés avec soin.

*Le journal et le registre des comptes ouverts pour les matières déposées dans les ma-
gasins de l'État sont régulièrement tenus.*

Format 0ᵐ,21 sur 0ᵐ,31.

PONTS ET CHAUSSÉES.

DÉPARTEMENT

—

TOURNÉE DE 18 .

\. , le 18

MODÈLE N° 40. — Art. 45 de l'Instruction.

PROCÈS-VERBAL de la visite faite par l'Ingénieur en chef dans les bureaux
des ingénieurs ordinaires.

SERVICE DE M. INGÉNIEUR ORDINAIRE.

COMPTABILITÉ.

Le mil huit cent ,
je soussigné, Ingénieur en chef *du département*
me suis rendu dans le bureau de M. ingénieur ordinaire.

COMPTABILITÉ DES CONDUCTEURS.

J'y ai trouvé MM.

travaillant habituellement dans le bureau, et MM.

détachés dans les subdivisions, qui avaient été convoqués à cet effet.

Je me suis fait représenter les carnets, les sommiers et les pièces de comptabilité produites par chacun des conducteurs,
et notamment :

1° Pour M.

*Les carnets n°*ˢ *et le sommier des routes départementales,*
que j'ai visés ;

Les situations mensuelles des travaux d'amélioration de la rivière de

Faire connaître si :

Les carnets sont tenus conformément au règlement du 28 septembre 1849;

Les faits de dépenses y sont exactement inscrits dans l'ordre des dates, sur les ateliers mêmes, d'une manière claire et précise, avec les croquis cotés quand il en est besoin;

Les constatations qui, par leur nature doivent être contradictoires, sont signées sur les carnets par les fournisseurs et les entrepreneurs;

Les sommiers sont à jour et d'accord avec les carnets;

Les livrets de caisse des régisseurs comptables sont tenus régulièrement;

Les états mensuels, avec les pièces nécessaires, sont adressés à l'ingénieur ordinaire avant le 5 de chaque mois.

2° Pour M.

Faire connaître si :

Les carnets, les livrets de caisse et les caisses elles-mêmes des régisseurs-comptables sont fréquemment vérifiés par l'ingénieur ordinaire.

COMPTABILITÉ DE L'INGÉNIEUR ORDINAIRE.

Je me suis fait représenter les livres de comptabilité et les dossiers des diverses entreprises.

Faire connaître si :

Les pièces de comptabilité produites par les conducteurs sont soigneusement vérifiées;

Le livre de comptabilité est bien tenu;

Les décomptes de fin d'année sont terminés et notifiés aux entrepreneurs.

(Indiquer les entreprises dont les décomptes ne seraient pas terminés ou notifiés.)

OBSERVATIONS.

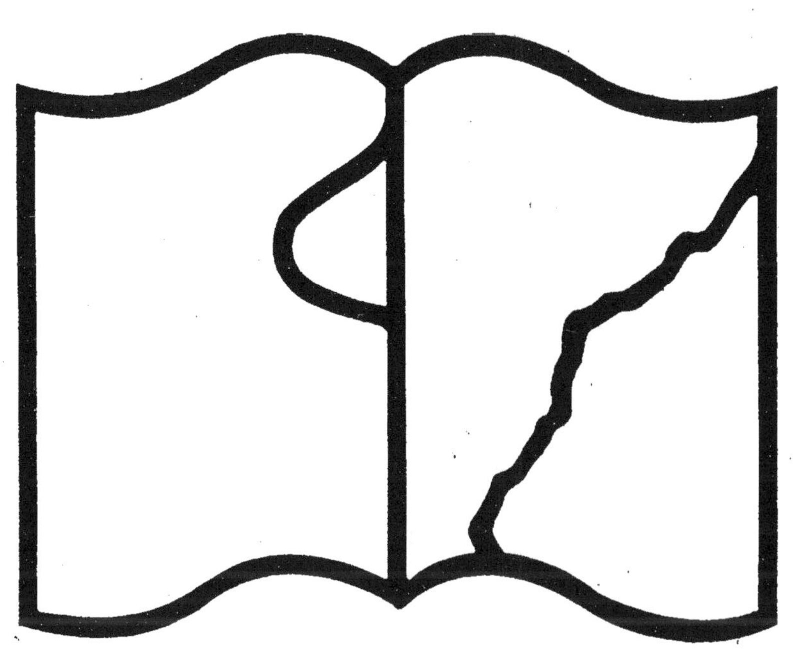

Texte détérioré — reliure défectueuse

NF Z 43-120-11

Contraste insuffisant

NF Z 43-120-14